Frank Mangelsdorf (Hg.)

# EINST UND JETZT
# DANZIG

## DAWNIEJ I DZIŚ
## GDAŃSK

**TEXT**
Dietrich Schröder

**AKTUELLE AUFNAHMEN**
Thomas Burckhardt

Märkische Oderzeitung

vbb

**ÜBERSETZUNG**

Bożena Kwiatkowska

**HISTORISCHE AUFNAHMEN**

Archiv Karl-Heinz Kluck, Camillo Kupke und Günter Fromm

1. Auflage 2017

Binzstraße 19, D-13189 Berlin
www.verlagberlinbrandenburg.de

Redaktion: Gitta Dietrich, Märkisches Medienhaus Redaktion GmbH
Satz und Gestaltung: Kathrin Strahl, studio-strahl.de, Berlin
Gesamtherstellung: druckwelten.org, Inh. Thomas Schneider, Jesewitz
Druck und Bindung: Multiprint OOD, Kostinbrod

ISBN 978-3-945256-88-6

Danzig hat eine besondere Aura. Man spürt sie, wenn man durch die prächtigen Stadttore auf den Langen Markt kommt, der sich allein schon durch seine Form von vielen anderen zentralen Plätzen dieser Welt unterscheidet. Die prächtigen Bürgerhäuser, der Artushof und die stolze Marienkirche zeugen vom Selbstbewusstsein und dem Drang nach Freiheit, die die Menschen hier seit Jahrhunderten prägen.

Günter Grass, der seinem Heimatort mit den Romanen *Die Blechtrommel*, *Katz und Maus* und *Hundejahre* ein literarisches Denkmal setzte, drückte es einmal so aus: „Wenn ich mir bewusst mache, in welchem Maße flämische Baumeister, Siedler aus Holland und Schottland, Mennoniten und Hugenotten, englische Kaufleute oder hier lebende Juden, sie alle, mein Danzig geprägt haben, dann werden alle nationalen Ansprüche sinnlos." Der Schriftsteller sparte bei diesem Zitat ganz bewusst die Polen und die Deutschen aus – wohl wissend, dass Danzig seit seiner Gründung immer ein Verbindungsglied zwischen diesen beiden Völkern war. Trotzdem wehrte sich die Stadt sowohl gegen die Bevormundung durch den Deutschen Orden, wie man sich auch große Privilegien sicherte, als man sich 1454 freiwillig dem polnischen König unterstellte. Erst mit den polnischen Teilungen am Ende des 18. Jahrhunderts kam Danzig zu Preußen.

Es ist also nachzuvollziehen, dass nach dem Ersten Weltkrieg ein besonderes politisches Modell für Danzig erdacht wurde: das Konstrukt einer „Freien Stadt" mit eigenständiger Währung, die direkt dem Völkerbund unterstand. Leider konnte dies den Zweiten Weltkrieg nicht verhindern. Im Gegenteil: In Danzig fielen am 1. September 1939 die ersten Schüsse jenes mörderischen Infernos, an dessen Ende mehr als zwei Drittel der Stadt in Trümmern lagen. Die meisten der noch lebenden deutschen Bewohner wurden am Kriegsende vertrieben, nachdem man die Polen schon zu Kriegsbeginn unterdrückt hatte.

Doch die jahrhundertelangen positiven Berührungen und Gemeinsamkeiten standen auch Pate beim Wiederaufbau in den 1950er- und 1960er-Jahren, den man ohne Weiteres als Wunder bezeichnen kann. Und das polnische Gdańsk schrieb weitere Kapitel in der Geschichte: Die Solidarność-Bewegung, die 1989/90 mit bewirkte, die Teilung des Kontinents zu überwinden, wurde hier geboren.

Heute ist Danzig die sechstgrößte Stadt Polens und ein Symbol für das offene Europa, das so mancher Bedrohung ausgesetzt ist. Danzig – Einst und Jetzt in der von unserer Zeitung herausgegebenen Buchreihe vorzustellen, war uns deshalb ein besonderes Anliegen. Ein Dank gilt dabei allen, die alte Aufnahmen zur Verfügung gestellt haben, insbesondere Karl-Heinz Kluck vom Kulturwerk des „Bundes der Danziger" in Hamburg, der auch wertvolle inhaltliche Anregungen für diesen Band gab.

Frank Mangelsdorf
*Chefredakteur der Märkischen Oderzeitung*

# WSTĘP

Gdańsk ma szczególną aurę. Czujemy ją przybywając przez wspaniałe bramy miejskie na Długi Targ, który już chociażby z powodu swego kształtu różni się od centralnych placów tego świata. Okazałe kamieniczki, Dwór Artusa i dumny Kościół Mariacki świadczą o wysokiej świadomości i dążeniu mieszkańców do wolności, co charakteryzowało ich od stuleci.

Günter Grass, który powieściami *Blaszany bębenek*, *Kot i mysz* oraz *Psie lata* – Trylogią Gdańska – wystawił swojemu rodzinnemu miastu pomnik, wyraził to kiedyś tak: „Kiedy sobie uświadamiam, w jakiej mierze flamandzcy budowniczowie, osadnicy z Holandii i Szkocji, menonici i hugenoci, kupcy angielscy, czy też mieszkający tu Żydzi, oni wszyscy, odcisnęli swoje piętno na moim Gdańsku, wszelkie narodowe roszczenia tracą swój sens."

W cytacie tym pisarz zupełnie świadomie pominął Polaków i Niemców – chyba wiedząc – że od czasu założenia Gdańsk zawsze był ogniwem łączącym oba narody. Mimo miasto broniło się zarówno przed kuratelą Zakonu Niemieckiego, dzięki czemu gdy w roku 1454 dobrowolnie poddało się polskiemu królowi, zapewniło sobie także znaczne przywileje. Dopiero po rozbiorach Polski w końcu XVIII wieku Gdańsk przypadł Prusom.

Jasne staje się zatem, że po I wojnie światowej pomyślano o szczególnym politycznym modelu dla Gdańska: o utworzeniu „Wolnego Miasta" z własną waluta, które bezpośrednio podlegało Lidze Narodów. Niestety nie mogło ono zapobiec II wojnie światowej. Wręcz przeciwnie: To w Gdańsku w dniu 1 września 1939 roku padły pierwsze strzały owego morderczego koszmaru, w końcu którego ponad dwie trzecie miasta legły w gruzach. Większość żyjących jeszcze niemieckich mieszkańców została z końcem wojny wypędzona, co poprzedziło prześladowania Polaków już na jej początku.

Odbudowie w latach 50-tych i 60-tych, którą bez wątpienia można określić jako cud, patronowały jednak także kilkusetletnie pozytywne kontakty i więzi.

Zaś polski Gdańsk pisał dalsze rozdziały w historii: tu zrodził się ruch Solidarności, który w roku 1989 doprowadził do przezwyciężenia podziału kontynentu.

Gdańsk jest obecnie szóstym co do wielkości miastem Polski i symbolem otwartej Europy, która wystawiona jest na liczne zagrożenia. Ukazanie „Gdańska – dawnej i dziś" w serii książkowej wydawanej przez naszą gazetę było zatem dla nas celem szczególnym. Podziękowanie należy się tym wszystkim, którzy udostępnili nam stare zdjęcia, w szczególności zaś panu Karlowi-Heinzowi Kluck z Kulturwerk „Związku Gdańszczan" w Hamburgu, który także przekazał cenne sugestie co do treści niniejszego tomu.

Frank Mangelsdorf
*Redaktor Naczelny Märkische Oderzeitung*

# INHALT

# UM 1910 AM HOHEN TOR POD BRAMĄ WYŻYNNĄ

Obojętnie, czy są to królowie, czy zwyczajni obywatele, czy też obecni biznesmeni lub turyści: dla większości gości wizyta w Gdańsku rozpoczyna się od Bramy Wyżynnej. Także tu zaczyna się Droga Królewska wiodąca przez tak zwane „Główne Miasto". Określenie to wskazuje, że mieszkali tu bogaci kupcy i szlachta, podczas gdy w bardziej na północ położonym Starym Mieście osiedlali się rzemieślnicy i rybacy. Droga Królewska, którą się też udamy, przypomina o polskich królach, którym miasto poddało się dobrowolnie w roku 1454, w rewanżu otrzymując znaczne przywileje. Od roku 1793 panowali w nim Prusacy, a gdy ich król został niemieckim cesarzem Wilhelmem I, postawiono mu tutaj pomnik. Trzy herby na Bramie Wyżynnej symbolizują historię Gdańska: czarny orzeł Prus, biały orzeł Polski oraz herb miasta. W bramie znajduje się obecnie punkt informacji turystycznej.

Egal, ob es einst Könige und einfache Bürger waren oder heute Geschäftsleute und Touristen sind: Mit dem Hohen Tor führt für die meisten Gäste der Besuch von Danzig. Hier führt auch der Königsweg durch die sogenannte Rechtstadt. Der Begriff Rechtstadt deutet darauf hin, dass hier die reichen Kaufleute und Adligen wohnten, während die nördlicher gelegene Altstadt den Handwerkern und Fischern vorbehalten war. Der Königsweg, dem auch wir folgen werden, erinnert an die polnischen Könige, denen sich die Stadt 1454 freiwillig unterstellt hatte, wofür sie im Gegenzug große Privilegien erhielt. Ab 1793 herrschten die Preußen, und als deren König 1871 zum deutschen Kaiser Wilhelm I. wurde, stellte man ihm hier ein Denkmal auf. Die drei Wappen am Hohen Tor symbolisieren die Geschichte Danzigs: der schwarze Adler Preußens, der weiße Adler Polens und das Stadtwappen. Im Tor befindet sich eine Touristen-Information.

Trzeba przyznać, że Brama Więzienna i przynależna do niej Katownia z zewnątrz robią wrażenie raczej skromne. Wzniesiona w wieku XIV wieża była początkowo fragmentem umocnień miejskich i musiała obronić się w licznych potyczkach. Więzieniem stała się później. Dziś w jej wnętrzu znajduje się jeden z największych skarbów miasta: Muzeum Bursztynu. Wszystko, co rzemieślnicy na przestrzeni wieków kunsztownie wyrabiali z tego „złota Bałtyku" – od filigranowych ozdób poprzez intarsje, ogromne żaglowce, kufle do piwa aż po wyszukanie zdobione ustniki papierosów i cygar – jest po prostu ucztą dla oka. Do tego dochodzą wspaniałe widoki z wieży, które smakować będziemy na następnych stronach. Krótko mówiąc: Tę wieżę trzeba zobaczyć.

Zugegeben: Der Stockturm und das dazugehörige Peinkammertor wirken von außen eher bescheiden. Im 14. Jahrhundert errichtet, war der Turm zunächst ein Teil der Stadtbefestigung und musste sich bei zahlreichen Scharmützeln bewähren. Später wurde er zum Gefängnis. Heute befindet sich in seinem Innern einer der größten Schätze der Stadt: das Bernsteinmuseum. Was Kunsthandwerker im Laufe der Jahrhunderte aus dem „Gold der Ostsee" alles machten – vom filigranen Schmuck über Intarsien, riesige Segelschiffe, Bierhumpen bis zu raffiniert verzierten Mundstücken für Zigaretten und Zigarren – ist einfach ein Augenschmaus. Hinzu kommen die grandiosen Ausblicke, die man vom Turm hat. Davon gibt es auf den kommenden Seiten Kostproben. Kurz gesagt: Die Besichtigung des Turms ist ein Muss.

# 1945 LANGGASSE ULICA DŁUGA

Z okna Wieży Więziennej spoglądamy w kierunku ulicy Długiej i Długiego Targu. Ze swoimi słynnymi kamieniczkami tworzą one „Gute Stube" albo też „Salon Gdańska". Historyczne zdjęcie powstałe z nieco innej perspektywy – przez Złotą Bramę – pokazuje, jak źle dumny Gdańsk wyglądał w końcu drugiej wojny światowej. Ponieważ w Gdańsku produkowano łodzie podwodne i okręty wojenne, zaś Hitler ogłosił go w końcu wojny twierdzą, miasto było celem licznych powietrznych ataków brytyjskich i amerykańskich. Nadciągające w dniu 30 marca 1945 roku wojska sowieckie zadbały o dalsze pożary. Ostatecznie ponad 60 procent zabudowy Gdańska legło w gruzach. Niemal wierna oryginałowi odbudowa Długiego Targu i dalszych części miasta przez Polaków zaraz potem, w już i tak ciężkich powojennych czasach, jest mistrzowskim do dziś godnym podziwu osiągnięciem kulturalno-historycznym.

Der Blick gen Osten aus einem Fenster des Stockturms geht auf die Langgasse und den Langen Markt. Mit ihren berühmten Bürgerhäusern bilden sie die „Gute Stube" oder auch den „Salon von Danzig". Wie schlimm es am Ende des Zweiten Weltkrieges um die stolze Stadt bestellt war, zeigt die historische Aufnahme, die aus etwas anderer Perspektive – durch das Goldene Tor – entstand. Weil in Danzig U-Boote und Kriegsschiffe produziert wurden und die Stadt gegen Kriegsende von Hitler zur Festung erklärt wurde, war sie Ziel zahlreicher britischer und amerikanischer Luftangriffe. Die am 30. März 1945 einziehenden sowjetischen Truppen sorgten für weitere Brände. Am Ende lag Danzig zu mehr als 60 Prozent in Ruinen. Dass der nahezu originalgetreue Wiederaufbau des Langen Markts und weiterer Stadtteile durch Polen anschließend in der ohnehin schon schweren Nachkriegszeit erfolgte, ist eine kulturhistorische Meisterleistung und bis heute bewunderungswürdig.

# 1915 **KOHLENMARKT** TARG WĘGLOWY

Stoimy nadal na Wieży Więziennej, jednak teraz patrzymy w kierunku północnym na Targ Węglowy z Teatrem Wybrzeże. Taki widok rozpościerał się w latach 30-tych także przed Oskarem Matzerath, bohaterem powieści Güntera Grassa *Blaszany bębenek*. Widok teatru wywoływał w nim takie oto odczucia: „Kopulasty gmach był diabelnie podobny do niedorzecznie powiększonego, klasycystycznego młynka do kawy, chociaż przy gałce kopuły brakowało mu owej korbki, którabyłby nieodzowna, by w wypełnionym co wieczór do ostatniego miejsca przybytku muz i kultury zemleć na okropny śrut pięcioaktowy dramat wraz z aktorami, kulisami, suflerką, rekwizytami i mnóstwem kurtyn." Zniszczenia drugiej wojny światowej spowodowały zmieniony dzisiejszy wygląd tego miejsca. W latach 60-tych, w dokładnie w miejscu jego poprzednika, zbudowano tu „Teatr Wybrzeże". I nie zważając na odczucia bohatera powieści Grassa nakryto go dachem przypominającym młynek do kawy. Najwięcej czaru Targ Węglowy ma w okresie adwentu, gdy odbywa się tu Gdański Jarmark Bożonarodzeniowy.

Wir stehen noch immer auf dem Stockturm, schauen jetzt aber nach Norden auf den Kohlenmarkt mit dem Stadttheater. Diesen Blick hatte in den 1930er-Jahren auch Oskar Matzerath, der Held aus Günter Grass' Roman *Die Blechtrommel*. Der Anblick des Theaters weckte in ihm folgende Gefühle: „Der Kasten zeigte mit seiner Kuppel eine verteufelte Ähnlichkeit mit einer unvernünftig vergrößerten, klassizistischen Kaffeemühle, wenn ihm auch am Kuppelknopf jener Schwengel fehlte, der nötig gewesen wäre, in einem allabendlich vollbesetzten Musen- und Bildungstempel ein fünfaktiges Drama samt Mimen, Kulissen, Souffleuse, Requisiten und allen Vorhängen zu schaurigem Schrott zu mahlen." Die Zerstörungen im Zweiten Weltkrieg sorgten dafür, dass der Platz heute ein verändertes Aussehen hat. In den 1960er-Jahren wurde jedoch das „Teatr Wybrzeze" (Theater an der Küste) an genau der gleichen Stelle wie sein Vorgänger aufgebaut. Und ungeachtet des Empfindens von Grass' Romanheld erhielt es auch wieder ein Dach, das an eine Kaffeemühle erinnert. Am meisten Flair hat der Kohlenmarkt, wenn in der Adventszeit hier der Danziger Weihnachtsmarkt stattfindet.

# GOLDENES TOR/GEORGSHALLE ZŁOTA BRAMA – DWÓR BRACTWA ŚW. JERZEGO

Po zejściu z Wieży Więziennej stajemy przed „Złotą Bramą" – swego rodzaju łukiem triumfalnym, powstałym w roku 1614 jako reprezentacyjne wejście na ulicę Długą. Godny uwagi jest łaciński napis na środkowym łukiem. Oznacza on: „Zgodą małe republiki rosną – niezgodą wielkie upadają." Jak widać, ludzkość niestety niewiele nauki wyniosła z tej maksymy. Figury na balustradzie zwiastują przybyszowi wolność, pokój, szczęście i sławę. W drodze powrotnej zabiera się ze sobą między innymi mądrość i pobożność. Na tym historycznym zdjęciu po lewej stronie Złotej Bramy dominuje Dwór Bractwa Św. Jerzego. Kiedyś spotykali się tu członkowie Bractwa, obecnie odbywają się tu wystawy i inne imprezy.

Vom Stockturm wieder herabgestiegen steht man vor dem Goldenen Tor – einer Art Triumphbogen, der 1614 als repräsentativer Einlass zur Langgasse entstand. Bemerkenswert ist die lateinische Inschrift über dem Mittelbogen. Sie bedeutet: „Durch Eintracht werden kleine Staaten groß, an Zwietracht gehen die großen zugrunde." Wie man sieht, hat die Menschheit leider nicht viel aus dieser Weisheit gelernt. Die Figuren auf der Balustrade verheißen dem Ankömmling Freiheit, Frieden, Reichtum und Ruhm. Auf dem Rückweg nimmt man dann unter anderem Weisheit und Frömmigkeit mit. Auf dem historischen Foto dominiert die Georgshalle links neben dem Goldenen Tor. Hier traf sich einst die Sankt-Georgs-Bruderschaft, heute finden dort Ausstellungen und andere Veranstaltungen statt.

# RECHTSTÄDTISCHES RATHAUS RATUSZ GŁÓWNEGO MIASTA

W miejscu, gdzie ulica Długa przechodzi w Długi Targ, stoi Ratusz Głównego Miasta. Jak liczne inne budowle gdańskie ukształtował go flamandzki styl renesansu, co spowodowane jest po prostu faktem, że w wieku XV i XVI bogaci mieszczanie mogli sobie pozwolić na udzielanie zleceń budowy wiodącym wtedy architektom z Niderlandów. Wieża ratusza licząca wraz z imponującym zegarem 82 metry wysokości ukoronowana jest złoconą statuą polskiego króla Zygmunta II Augusta (1520 – 1572). Udzielając przywilejów religijnych w swoim kraju zrównał on pozycję protestanckich mieszkańców miasta z katolikami. W czasie jego regencji powstała w roku 1569 także polsko-litewska unia, jedno z największych państw ówczesnej Europy, z którym Gdańszczanie prowadzili dochodowe interesy.

Wo die Langgasse in den Langen Markt übergeht, steht das Rechtstädtische Rathaus. Wie zahlreiche Danziger Bauten ist es vom flämischen Renaissancestil geprägt, was ganz einfach daran liegt, dass es sich die reichen Bürger im 15. und 16. Jahrhundert leisten konnten, ihre Bauaufträge an die damals führenden Architekten aus den Niederlanden zu vergeben. Der 82 Meter hohe Turm des Rathauses mit der imposanten Uhr wird von einer vergoldeten Statue des polnischen Königs Sigismund II. August (1520 – 1572) gekrönt. Dieser hatte die protestantischen Bewohner der Stadt durch ein Religionsprivileg mit den Katholiken in seinem Land auf eine Stufe gestellt. Unter seiner Regentschaft entstand 1569 auch die polnisch-litauische Union, einer der größten Staaten im damaligen Europa, mit dem die Danziger einträgliche Geschäfte betrieben.

Odwiedziny w Ratuszu Głównego Miasta są ciekawe, gdyż znajduje się tu Muzeum Historii Miasta. Można się w nim dowiedzieć między innymi, że złoty wiek tego hanzeatyckiego miasta rozpoczął się w roku 1453, gdy miasto Konstantynopol przypadło osmańskim Turkom i z tego powodu handel z Morza Czarnego przez Bosfor został zablokowany i zastąpiony transportami przez Morze Bałtyckie. Duże wrażenie sprawia także wystawa o odbudowie zniszczonego miasta po roku 1945. Wyposażenie ratusza jest tak pełne przepychu, że porównuje sie je z pałacem dożów w Wenecji. Już w przy wejściu – w sieni – wzrok przyciągają kręte schody obiegające dębową kolumnę wysokości 7,50 metra, zwieńczoną figurą greckiej bogini wojny Ateną. Podczas wielkiego pożaru ratusza w roku 1945 schody te uległy zniszczeniu, zaś później zrekonstruowali je polscy restauratorzy.

Ein Besuch des Rechtstädtischen Rathauses ist von Interesse, weil sich hier das Museum für Stadtgeschichte befindet. Man erfährt dort unter anderem, dass die goldene Zeit der Handelsstadt im Jahr 1453 begann, als die Stadt Konstantinopel an die osmanischen Türken fiel und deshalb der Handel vom Schwarzen Meer durch den Bosporus gesperrt und in seiner Bedeutung von den Transporten über die Ostsee abgelöst wurde. Eindrucksvoll ist auch die Ausstellung über den Wiederaufbau der zerstörten Stadt nach 1945. Das Interieur des Rathauses ist so prunkvoll, dass man es mit dem Dogenpalast in Venedig vergleicht. Schon im Eingangsbereich – der Diele – ist eine Wendeltreppe der Blickfang, die um eine 7,50 Meter hohe Eichensäule verläuft, welche von der griechischen Kriegsgöttin Athene gekrönt ist. Beim großen Rathausbrand im März 1945 wurde auch die Treppe zerstört, polnische Restauratoren rekonstruierten sie später.

## MARIENKIRCHE KOŚCIÓŁ MARIACKI

Tu spokojnie możemy posługiwać się superlatywami: gdański Kościół Mariacki jest mianowicie największym kościołem z cegły na świecie. Nasuwają się tu automatycznie słowa pochodzące z Biblii, zgodnie z którym wiara jest skałą w pożarze. Czy stoimy bezpośrednio przed wysoką na 82 metry wieżą główną, czy przez jedną z okalających kościół uliczek przemierzamy wzrokiem naprawdę nieskończoną (długą na 105 metrów) nawę kościoła, czy też poddajemy się oddziaływaniu gwieździstego sklepienia we wnętrzu wysokości 30 metrów – zawsze budowla ta wywiera silne wrażenie. Najlepsze wrażenie całego kościoła oferuje obraz z platformy widokowej na wieży ratuszowej. Tak okazałej budowli jak Kościół Mariacki nawet bogaci Gdańszczanie nie potrafili zbudować szybko. Od momentu złożenia kamienia węgielnego w roku 1434 do poświęcenia kościoła przeminęło 159 lat. A ponieważ polscy królowie, od roku 1466 stanowiący nominalną najwyższą władzę miasta, pozostawali wierni wierze katolickiej, obok kościoła wybudowano barokową Kaplicę Królewską, aby król mógł uczęszczać na mszę.

Hier darf man ruhig in Superlativen schwelgen: Die Danziger Marienkirche ist nämlich die größte Backsteinkirche der Welt. Das Bibelwort, laut dem der Glaube ein Fels in der Brandung ist, kommt einem hier automatisch in den Sinn. Ob man nun direkt vor dem 82 Meter hohen Hauptturm steht, das schier unendliche (105 Meter lange) Kirchenschiff durch eine der umliegenden Gassen erspäht oder das Sterngewölbe im 30 Meter hohen Innenraum auf sich wirken lässt – das Bauwerk ist in jeglicher Beziehung eindrucksvoll. Den besten Eindruck von der gesamten Kirche gewinnt man von der Aussichtsplattform auf dem Rathausturm. Solch ein gewaltiges Bauwerk wie die Marienkirche konnten selbst die reichen Danziger nicht so schnell bauen. Von der Grundsteinlegung 1434 bis zur Weihe 1593 vergingen 159 Jahre. Und da die polnischen Könige, die seit 1466 die nominellen Oberherren der Stadt waren, immer katholisch blieben, baute man neben der Kirche die barocke königliche Kapelle, damit der König den Gottesdienst besuchen konnte.

## ARTUSHOF DWÓR ARTUSA

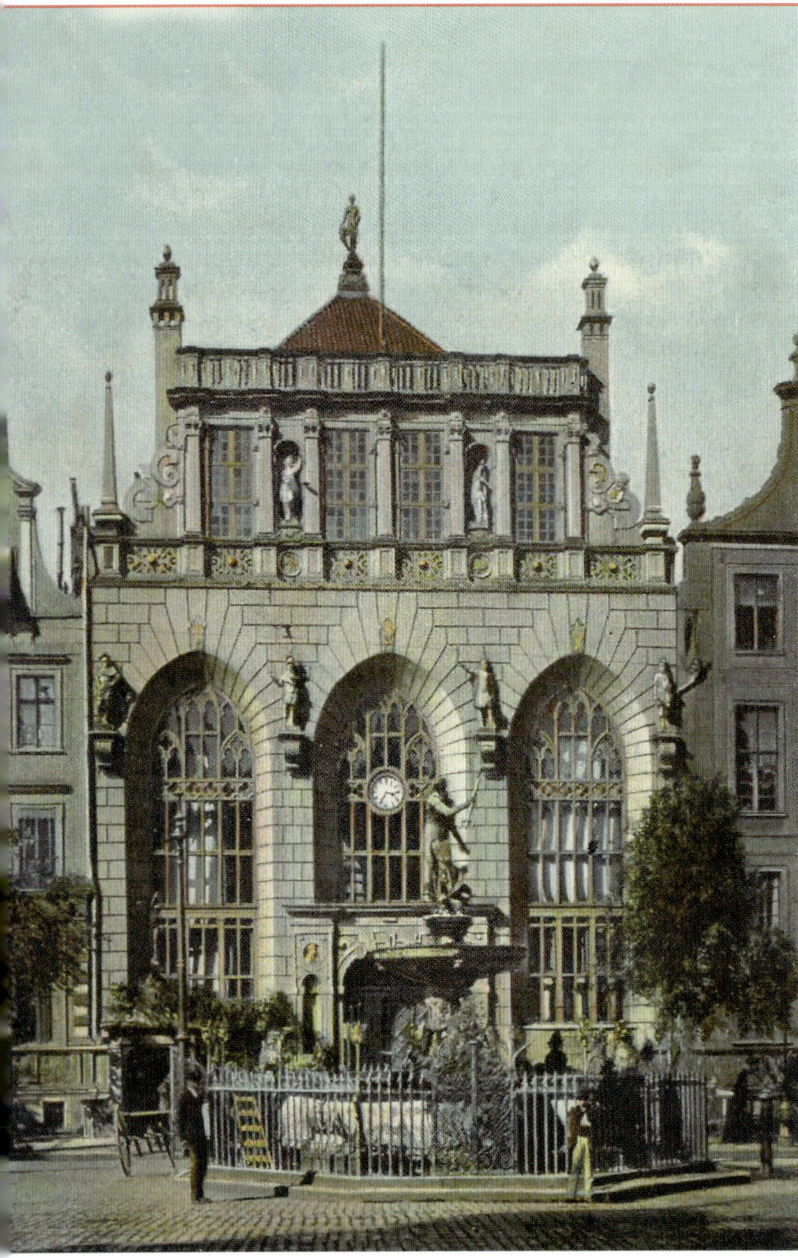

Dwór Artusa na Długim Targu jest uosobieniem dawnego bogactwa i wywodzącej się z niego niezawisłości gdańskiego mieszczaństwa. Już powstały w roku 1350 pierwszy budynek służył jako miejsce spotkań kupców zrzeszonych w siedmiu miejscowych bractwach. Nazwa dworu sięga legendy o królu Arturze i jego pełnych cnót rycerzach. Dzisiejsza fasada dworu pochodzi z rozpoczynającego się wieku XVII. Umieszczone obok wielkich okien figury symbolizują cnoty mieszczańskie. W attyce widzimy poza tym sprawiedliwość i odwagę, podczas gdy na dachu króluje bogini szczęścia Fortuna. Kupcy Hanzy nie tylko dobijali tu swoich interesów, lecz także świętowali, o czym świadczy zachowana jeszcze lada piwna z XIV wieku. Od roku 1742 swoją siedzibę miała tu gdańska giełda. Do dnia dzisiejszego we Dworze Artusa odbywają się tu najbardziej uroczyste imprezy miasta.

Der Artushof auf dem Langen Markt ist der Inbegriff für den einstigen Reichtum und die sich daraus ableitende Unabhängigkeit der Danziger Bürgerschaft. Schon das erste, um 1350 entstandene Gebäude diente als Treffpunkt für die Kaufleute, die sich in sieben örtlichen Bruderschaften zusammengeschlossen hatten. Der Name ist der Legende von König Artus und seinen tugendhaften Rittern entlehnt. Die heutige Fassade des Hofs stammt aus dem beginnenden 17. Jahrhundert. Die Figuren neben den großen Fenstern symbolisieren die Tugenden der Bürgerschaft. Außerdem sind in der Attika die Gerechtigkeit und die Tapferkeit zu sehen, während auf dem Dach die Glücksgöttin Fortuna thront. Die Handelsleute der Hanse schlossen hier nicht nur Geschäfte ab, sondern feierten sie auch, wovon eine noch erhaltene Biertheke aus dem 14. Jahrhundert zeugt. Ab 1742 hatte die Danziger Börse hier ihren Sitz. Bis heute finden die feierlichsten Veranstaltungen der Stadt im Artushof statt.

# IM ARTUSHOF W DWÓRZE ARTUSA

„Najbardziej jednak cieszyłbym się, gdbyś ty kiedyś w dawnych czasach sam mógł tam być i na własne oczy zobaczyć ową cudowną salę, do której cię teraz zaprowadzę.” Tak zachwycony romantyk E. T. A. Hoffmann w swoim opublikowanym przed 200 laty opowiadaniu *Dwór Artusa* opisuje wnętrze tego wspaniałego gmachu. Obecnie można zwiedzać wielką i małą salę. Obok gwiaździstego sklepienia i bogato zdobionych drewnianych sprzętów do drogocennych okazów należy renesansowy kaflowy piec z XVI wieku o wysokosci 10,64 metrów. Jego 583 ręcznie malowanych kafli przedstawia ówczesnych europejskich panujących oraz rośliny i alegorie. Jedynie obraz *Sąd ostateczny* Antona Möllera (1563 – 1611) jest kopią, gdyż oryginał uległ zniszczeniu w pożarze podczas drugiej wojny światowej. Rekonstrukcji dokonał polski artysta opierając się na dawnych fotografiach. Przepych Dworu Artusa jaśnieje szczególnie, gdy przez wielkie okna świeci słońce

„Am liebsten sollt es mir aber sein, wenn du selbst einmal in früherer Zeit dort gewesen wärst und mit eigenen Augen den wunderbaren Saal geschaut hättest, in den ich dich jetzt führen werde." Voller Begeisterung beschreibt der Romantiker E. T. A. Hoffmann in seiner vor 200 Jahren erschienenen Erzählung *Der Artushof* das Innere des prächtigen Gebäudes. Heute kann man den großen und den kleinen Saal besichtigen. Neben dem Sterngewölbe und den reich verzierten Holzmöbeln gehört ein 10,64 Meter hoher Renaissance-Kachelofen aus dem 16. Jahrhundert zu den Prunkstücken. Seine 583 Kacheln sind handbemalt und zeigen damalige europäische Herrscher sowie Pflanzen und Allegorien. Nur das Gemälde *Das Jüngste Gericht* von Anton Möller (1563–1611) ist eine Kopie, da das Original bei einem Brand im Zweiten Weltkrieg vernichtet wurde. Die Rekonstruktion schuf ein polnischer Künstler mit Hilfe alter Fotografien. Wenn die Sonne durch die großen Fenster scheint, strahlt die Pracht des Artushofs besonders.

# NEPTUNBRUNNEN FONTANNA NEPTUNA

Jeszcze częściej niż Dwór Artusa fotografowanym motywem jets stojąca przed nim Fontanna Neptuna. Podróżnik, badacz i kolekcjoner sztuki Bartłomiej Schachmann, który w latach 1605 – 1614 był jednym z rządzących ówcześnie czterech burmistrzów Gdańska, z podróży do Włoch przyniósł pomysł uczczenia boga morza studnią. On sam nie doczekał jednak ukończenia tego dzieła sztuki, gdyż nastąpiło to dopiero 20 lat po śmierci Schachmanna. Po drugiej wojnie światowej także musiało jednak minąć dziewięć lat do chwili odzyskania przez ciężko uszkodzoną konstrukcję jej dawnej urody. Od tego czasu już dwukrotnie poddawana była renowacji. Zwłaszcza w ciepłe letnie wieczory wśród ludzkiego mrowia fontanna jest ulubionym, niemożliwym do przeoczenia miejscem spotkań na Długim Targu.

Ein noch häufigeres Fotomotiv als der Artushof ist der davorstehende Neptunbrunnen. Der Forschungsreisende und Kunstsammler Bartholomäus Schachmann, der von 1605 bis 1614 einer der damals vier Danziger Bürgermeister war, brachte die Idee, den Meeresgott durch einen Brunnen zu ehren, von einer Reise nach Italien mit. Die Vollendung des Kunstwerks erlebte er selbst allerdings nicht mehr, denn der Brunnen wurde erst 20 Jahre nach Schachmanns Tod fertig. Nach dem Zweiten Weltkrieg dauerte es ebenfalls neun Jahre, bis die schwer beschädigte Anlage wieder in alter Schönheit erstanden war. Seither wurde sie schon zweimal restauriert. Besonders in dem menschlichen Gewimmel an warmen Sommerabenden ist der Brunnen ein beliebter und nicht zu verfehlender Treffpunkt auf dem Langen Markt.

## UM 1905 HÄUSER AM LANGEN MARKT DOMY PRZY DŁUGIM TARGU

Wąskie domy o wielopiętrowych, bogato zdobionych fasadach – to była zasada, zgodnie z którą budowano przy Długim Targu od XV wieku. To, że domy były tak wąskie, miało prostą przyczynę: działki budowlane w tym miejscu nie należały wtedy akurat do tanich. Za to szczyt swojego budynku wolno było ozdobić w miare możliwości jeszcze wspanialej, niż sąsiad. Obecnie nie jest łatwo utrzymać ów przepych: wiele restauracji i lokali ulega twardej konkurencji i – tyle nam zdradzono -, często w bocznych uliczkach znajdują się nie tylko tanie, lecz także lepsze lokalizacje. Poza tym w godzinach wieczornych rzuca się w oczy, że wiele wyższych pięter wcale nie jest zamieszkanych. Mimo to miasto każe sobie nieźle płacić za troskę o swoje skarby.

Schmale Häuser mit mehrstöckigen, reich verzierten Fassaden – das war das Prinzip, mit dem seit dem 15. Jahrhundert am Langen Markt gebaut wurde. Dass die Häuser so schmal sind, hat einen einfachen Grund: Schließlich war das Bauland an dieser Stelle schon damals nicht gerade preiswert. Dafür konnte man seinen Hausgiebel möglichst noch prächtiger als den der Nachbarn gestalten. Solche Pracht heute zu erhalten, ist nicht gerade einfach: Die vielen Restaurants und Gaststätten liefern sich einen harten Wettbewerb, und – so viel sei verraten –, oft findet man in den Seitenstraßen nicht nur preiswertere, sondern auch bessere Lokalitäten. Außerdem fällt in den Abendstunden auf, dass viele der oberen Etagen gar nicht bewohnt sind. Trotzdem lässt sich die Stadt die Pflege ihres Schatzes einiges kosten.

# LANGER MARKT DŁUGI TARG

Właśnie przeszliśmy przez Długi Targ i dotarliśmy do jego wschodniego krańca. Aby uchwycić ten widok jeszcze raz unkazujący, na czym polega niezwykłość gdańskiego rynku, potrzeba nieco szczęścia, gdyż w filii Muzeum Narodowego, która ma swoją siedzibę w Bramie Zielonej, wystawy urządzane są jedynie od czasu do czasu. Łatwiej przyjdzie to najsłynniejszemu żyjącemu Gdańszczaninowi: Lech Wałęsa, wcześniejszy prezydent i laureat nagrody Nobla, na trzecim piętrze Bramy Zielonej – piętro wyżej niż muzeum – ma swoje biuro. Czasami można Go spotkać, gdy z rynku wchodzi w boczną uliczkę, gdzie przypuszczalnie czeka Jego kierowca. Na pewno za to pod łukiem prowadzącej na brzeg Motławy Bramy Zielonej najczęściej można spotkać młodych ulicznych muzyków. Akustyka jest tam bowiem nadzwyczajna.

Nun haben wir den Langen Markt einmal überquert und sein östliches Ende erreicht. Um diesen Blick zu erhaschen, der noch einmal verdeutlicht, worin die Besonderheit des Danziger Marktes besteht, braucht man etwas Glück. Denn in der Dependance des Nationalmuseums, die ihren Sitz im Grünen Tor hat, gibt es nur von Zeit zu Zeit Ausstellungen. Leichter hat es da schon der berühmteste lebende Danziger: Denn Lech Wałęsa, Polens früherer Präsident und Friedens-Nobelpreisträger, hat im dritten Stock des Grünen Tors – eine Etage über dem Museum – sein Büro. Manchmal trifft man ihn, wenn er über den Markt in eine Seitengasse geht, in der vermutlich sein Fahrer wartet. Garantiert anzutreffen sind dagegen die zumeist jugendlichen Straßenmusikanten unter dem Bogen des Grünen Tores, das zum Ufer der Mottlau führt. Die Akustik dort ist nämlich einmalig.

# GRÜNES TOR UND LANGE BRÜCKE BRAMA ZIELONA – DŁUGIE POBRZEŻE

Nie, nie są Państwo daltonistami: „Bramę Zieloną" (na obu zdjęciach widoczna po lewej stronie) zbudowano z czerwonej cegły. Z biegiem czasu zatraciła jednak swoją zieloną barwę, tak samo jak i pierwotne znaczenie. Wzniesiona została bowiem jako rezydencja polskich królów na czas ich pobytu w mieście. Monarchowie woleli jednak nocować w Ratuszu Głównego Miasta lub okolicznych kamieniczkach. Nieco myląca jest także nazwa „Długie Pobrzeże", nadana promenadzie nad Motławą o długości niemal 500 metrów, do której docieramy przez bramę. Mamy tu do czynienia mianowicie z nabrzeżem dla statków w rozumieniu marynarskim. Przez stulecia znajdował się tu port Gdański – zwany także portem wewnętrznym –, w którym ze statków i na statki przeładowywano towary z całego świata. Obecnie można tu świetnie pospacerować lub wsiąść na statek pasażerski lub do taksówki wodnej, które wożą turystów do Twierdzy Wisłoujście, na Westerplatte lub jeszcze dalej, aż na półwysep Helski.

Nein, Sie sind nicht farbenblind: Das Grüne Tor (auf beiden Aufnahmen links im Bild) wurde aus roten Backsteinen erbaut. Seinen grünen Farbanstrich hat das Tor im Laufe der Zeit genauso verloren wie seine ursprüngliche Bedeutung. Es war als Residenz für die polnischen Könige für deren Aufenthalte in der Stadt gebaut worden. Doch die Monarchen zogen meist das Rechtstädtische Rathaus oder die umliegenden Bürgerhäuser für die Übernachtung vor. Etwas irreführend ist auch die Bezeichnung Lange Brücke für die fast 500 Meter lange Promenade an der Mottlau, zu der man durch das Tor gelangt, denn es handelt sich um eine Schiffslandebrücke im seemännischen Sinne. Über Jahrhunderte befand sich hier der Danziger Stadthafen – auch Innenhafen genannt –, in dem Waren aus aller Welt ent- oder verladen wurden. Heute kann man hier prima flanieren oder auf die Passagierschiffe und Wassertaxis steigen, die die Touristen zur Festung Weichselmünde, zur Westerplatte oder noch weiter bis zur Halbinsel Hela bringen.

# UM 1920 STERNWARTE UND FRAUENTOR WIEŻA DOMU PRZYRODNIKÓW I BRAMA MARIACKA

Budynek na brzegu Motławy, który starszym Gdańszczanom zapadł w pamięć jako „Stare Obserwatorium Astronomiczne", od roku 1846 był siedzibą miejskiego Towarzystwa Przyrodniczego. Obecnie znajduje się tu Muzeum Archeologiczne. Wprawdzie obserwatorium już od dawna należy do przeszłości, jednak można się tu zapoznać za to z wczesną historią Pomorza, jak również z wykopaliskami informującymi o początkach historii miasta sprzed ponad 1000 lat. Brama Mariacka po prawej stronie jest jedną z ośmiu tak zwanych bram wodnych, wiodących z Głównego Miasta na brzeg Motławy. Za bramą skrywa się ulica Mariacka, jedno z najbardziej romantycznych miejsc w mieście. Od czasu jej odbudowy w roku 1961 Brama Mariacka połączona jest z Muzeum Archeologicznym i mieści część jego wystaw.

Das Gebäude am Mottlau-Ufer, das älteren Danzigern noch als „Alte Sternwarte“ in Erinnerung ist, war seit 1846 der Sitz der Naturforschenden Gesellschaft der Stadt. Inzwischen befindet sich hier das Archäologische Museum. Zwar gehört die Sternwarte längst der Vergangenheit an, dafür kann man sich über die Frühgeschichte Pommerns sowie über Ausgrabungen informieren, die über die Anfänge der Stadtgeschichte vor mehr als 1000 Jahren Auskünfte geben. Das Frauentor gleich rechts daneben ist eines der acht sogenannten Wassertore, die von der Rechtstadt zum Mottlau-Ufer führen. Hinter dem Tor verbirgt sich die Frauengasse, einer der romantischsten Orte der Stadt. Seit seinem Wiederaufbau 1961 ist das Frauentor mit dem Archäologischen Museum verbunden und beherbergt einen Teil seiner Ausstellungen.

# UM 1900 **FRAUENGASSE** ULICA MARIACKA

Barwne fasady domów, wymyślne rzygacze i typowe dla Gdańska przedproża – niewielkie schodki i tarasy przed wejściem do domów – ulica Mariacka jest z pewnością jednym z najbardziej uroczych zakątków tego miasta. Gdy w roku 1979 w Republice Federalnej Niemiec po raz kolejny filmowano *Buddenbroków* Tomasza Manna, właśnie tu znaleziono odpowiednie kulisy dla tej rozgrywającej się w Lubece powieści. A kto w poszukiwaniu biżuterii bursztynu chce być pewnym stylowego zakupu, właśnie tu powinien rozejrzeć się za najlepszymi (i najdroższymi) okazami. Od czasu do czasu w jednej z przytulnych kawiarni – w których spotyka się nadzwyczaj dużo młodych ludzi – można oddać się wspomnieniom o dawno minionych czasach. Ponieważ ulica Mariacka prowadzi do bazyliki Mariackiej, od niej też powzięła swoją nazwę. Dotyczy to też bramy u końca uliczki wiodącej nad Motławę.

Bunte Häuserfassaden, verspielte Wasserspeier und die typischen Danziger Beischläge – das sind die kleinen Treppchen und Terrassen vor den Hauseingängen – die Frauengasse ist sicher einer der charmantesten Orte der Stadt. Als 1979 in der Bundesrepublik wieder einmal die *Buddenbrooks* von Thomas Mann verfilmt wurden, fand man hier die geeignete Kulisse für den eigentlich in Lübeck spielenden Roman. Und wer bei der Suche nach Bernsteinschmuck, der fast an jeder Ecke im Zentrum angeboten wird, wirklich stilsicher vorgehen will, sollte hier nach den besten (und teuersten) Stücken Ausschau halten. Zwischendurch kann man in einem der gemütlichen Kaffees, in denen man auffällig vielen jungen Leuten begegnet, längst vergangenen Zeiten nachhängen. Da die Frauengasse zur Marienkirche führt, wird sie im Polnischen Marienstraße genannt, genau wie das Frauentor an der Mottlau im Polnischen Marientor heißt.

# 1905 **KRANTOR** ŻURAW

To najbardziej znany symbol miasta: Żuraw nad Motławą. Przez długi czas był największym portowym dźwigiem w Europie, przy pomocy którego rozładowywano i ładowano statki. Bramę w jej obecnym kształcie zbudowano już około roku 1440. Jej wymiary są gigantyczne: oba pylony mają po 24,50 metra wysokości, drewniana część środkowa przewyższa je jeszcze o siedem metrów. Wieża była własnością miasta, zarządzał nią mistrz dźwigowy. Dopiero w drugiej połowie XIX wieku żuraw stracił swoje znaczenie jako dźwig, nadal używano go jednak do stawiania masztów lub podnoszenia statków w celi naprawy śrub lub wioseł. Na starym zdjęciu widać jeszcze używane do tego haki. Stylowy galeon „Lew" kursuje po przystępnych cenach po Motławie pomiędzy Długim Pobrzeżem a Westerplatte.

Es ist das bekannteste Wahrzeichen der Stadt: das Krantor an der Mottlau. Lange Zeit war es der größte Hafenkran in Europa, mit dessen Hilfe die Schiffe be- und entladen wurden. In seiner heutigen Gestalt wurde das Tor schon um 1440 erbaut. Die Ausmaße sind enorm: Die beiden steinernen Flankentürme sind schon 24,50 Meter hoch, der hölzerne Mittelbau überragt sie aber noch einmal um sieben Meter. Das Tor war Eigentum der Stadt und wurde von einem Kranmeister verwaltet. Erst in der zweiten Hälfte des 19. Jahrhunderts verlor es seine Bedeutung als Lastkran, doch wurde es weiterhin zum Aufstellen von Masten oder zum Anheben von Schiffen verwendet, um deren Schrauben oder Ruderblätter zu reparieren. Auf dem alten Foto sieht man noch den dazu verwendeten Haken. Die stilvolle Galeone „Löwe“ (Lew) auf der Mottlau kreuzt zu erschwinglichen Preisen zwischen der Langen Brücke und der Westerplatte.

## KRANTOR VON NORDEN ŻURAW Z PÓŁNOCY

Czysty romantyzm: W godzinach wieczornych i nocnych Żuraw jest przepięknie oświetlony. W ciągu dnia można zwiedzać także jego wnętrze, gdyż obecnie jest on częścią Muzeum Morskiego. Modele ukazują wcześniejsze życie portu z pracami dokerów, kupców i żaglomistrzów, ale także statkami, spichlerzami oraz najróżniejszymi dźwigami. W Żurawiu zwiedzimy ponadto typowy historyczny kantor kupiecki oraz komnaty mieszczańskiej kamieniczki. Wielką atrakcją jest naturalnie nadal kompletny mechanizm dźwigu. Jego napęd składa się z czterech drewnianych kół deptakowych, którymi uruchamiano oba ciężarowe wyciągi. Widok ten wyjaśnia też oczywiście, dlaczego ówcześni robotnicy czuli się tu jak w kółku dla chomika. Z najwyższego piętra muzeum mamy piękny widok na Motławę z jej obiema wyspami: Wyspą Spichrzów i Ołowianką. Drewniane części Żurawia spłonęły całkowicie w końcu wojny, ich odbudowę rozpoczęto w roku 1956.

Pure Romantik: In den Abend- und Nachtstunden wird das Krantor wunderbar beleuchtet. Tagsüber kann man auch sein Inneres besichtigen, denn es ist heute ein Teil des Maritimen Museums. Modelle zeigen das frühere Hafenleben mit Dockarbeitern, Kaufleuten und Segelmachern, aber auch Schiffen, Speichern und unterschiedlichsten Kränen. Außerdem findet man hier auch einen typischen historischen Kaufmannsladen und die Zimmer eines Bürgerhauses. Die größte Attraktion ist der noch immer vollständige Kran-Mechanismus. Sein Antrieb besteht aus vier hölzernen Treträdern, mit denen die beiden Lastaufzüge bewegt wurden. Bei diesem Anblick versteht man auch, warum sich die früheren Arbeiter wie in einem Hamsterrad fühlten. Aus der oberen Etage des Museums bietet sich ein schöner Ausblick auf die Mottlau mit ihren beiden Inseln: der Speicherinsel und der Bleihofinsel. Die Holzteile des Krantors brannten am Kriegsende vollständig ab, 1956 begann man mit dem Wiederaufbau.

# BLEIHOFINSEL OŁOWIANKA

„Ołowianka" po składowanego tu kiedyś ołowiu i innych metali. W obu ówczesnych spichlerzach ma obecnie swoją siedzibę Muzeum Morskie. Od Żurawia można dotrzeć tu, jak już przed ponad 100 laty, małym promem, przejażdżka kosztuje jedynie 1,50 zł. Muzeum prezentuje historię polskiej żeglugi i interesujące zbiory z dziedziny archeologii morza i nurkowania głębinowego. Ponadto mieści się tu galeria malarstwa marynistycznego. Przed muzeum stoi na kotwicy „Sołdek", pierwszy po drugiej wojnie światowej polski frachtowiec dalekomorski. Statek zwodowano 6 listopada 1948 i nadano mu imię dawnego robotnika stoczniowego, co miało być symbolem nowych czasów. Aż do jego unieruchomienia, „Sołdek" odbył 1479 morskich podróży, kotwiczył w ponad 60 portach i przewiózł ponad 3,5 milionów ton ładunków. Na statku można zapoznać się z ówczesną techniką oraz z warunkami pracy.

Die Bleihofinsel heißt so, weil hier in früheren Zeiten Blei und andere Metalle gelagert wurden. In den beiden ehemaligen Speichern hat heute das Maritime Museum seinen Sitz. Vom Krantor gelangt man wie schon vor über 100 Jahren mit einer kleinen Fähre hinüber, die Überfahrt kostet nur 1,50 Złoty. Das Museum zeigt die Geschichte der polnischen Seefahrt und Interessantes zur Meeresarchäologie und dem Tiefseetauchen. Zudem gibt es eine maritime Gemäldegalerie. Vor dem Museum liegt die „Sołdek" vor Anker, der erste Hochsee-Frachter Polens nach dem Zweiten Weltkrieg. Das Schiff lief am 6. November 1948 vom Stapel und erhielt den Namen eines damaligen Werftarbeiters, was ein Symbol für die neue Zeit sein sollte. Bis zu ihrer Stilllegung absolvierte die „Sołdek" genau 1 479 Seefahrten, ging in über 60 Häfen vor Anker und beförderte mehr als 3,5 Millionen Tonnen Fracht. Auf dem Schiff gewinnt man Einblicke in die damalige Technik sowie die Arbeitsbedingungen.

## UM 1920 **FISCHMARKT** TARG RYBNY

Targ Rybny znajduje się na północnym krańcu nadmotławskiej promenady, tam, gdzie swoje łodzie od średniowiecza cumowali rybacy. Stał tu kiedyś także zamek zakonu krzyżackiego, który w roku 1343 zlecił założenie rybnego targu niedaleko zamku. Decyzja ta związana była oczywiście z przywilejem nabywania przez reprezentantów Zakonu najlepszych towarów o poranku przed wszystkimi innymi. Obecnie ryb się tu niestety nie sprzedaje, podczas Jarmarku Dominikańskiego – wielkiego święta miasta w sierpniu odbywającego się w całym centrum – handluje się tu wszelkiego rodzaju starociami i pamiątkami. Rybami można się mimo to napawać, na przykład w restauracji „Targ Rybny" bezpośrednio nad rzeką. Baszta Łabędź, jedyny zachowany w tym miejscu historyczny budynek, jest czymś szczególnym: Zbudowano ją jako część umocnień miejskich, po tym gdy w roku 1454 Gdańszczanie uwolnili się spod panowania Zakonu Krzyżackiego i zburzyli ich miejski zamek.

Der Fischmarkt befindet sich am nördlichen Ende der Mottlau-Promenade, dort, wo seit dem Mittelalter die Fischer mit ihren Booten anlegten. Hier stand einst auch die Stadtburg des Deutschen Ordens, der den Fischmarkt 1343 unweit der Burg einrichten ließ. Diese Entscheidung war mit dem Privileg verbunden, dass die Vertreter des Ordens am Morgen die beste Ware vor allen anderen kaufen konnten. Heute wird hier leider kein Fisch mehr verkauft, nur während des Dominikanermarkts – des großen Stadtfests im August, das im gesamten Zentrum stattfindet – wird auch hier mit allerlei Antiquitäten und Souvenirs gehandelt. Fisch kann man dennoch genießen, zum Beispiel im Restaurant „Targ Rybny" direkt am Fluss. Mit dem Schwanenturm, der als einziges historisches Gebäude noch an dieser Stelle erhalten ist, hat es auch eine besondere Bewandnis: Er wurde als Teil der Stadtbefestigung errichtet, nachdem die Danziger sich 1454 von der Herrschaft des Deutschen Ordens befreit und dessen Stadtburg zerstört hatten.

## UM 1930 **FISCHFRAUEN** HANDLARKI RYBAMI

Słynęły one nie tylko ze swoich szykownych kapeluszy, lecz także z niewyparzonych języków. U gdańskich handlarek można było nabyć flądry, łososia i węgorze, ale także minogi, cz też pomuchle (jak na Kaszubach nazywano dorsza). Rybnego targu już nie ma, zatem dzisiejsze sprzedawczynie ryb spotykamy w oddalonej o około 500 metrów hali targowej. Naprawdę warto ją zobaczyć. Zbudowano ją w stylu neoogotyckim już w roku 1896. W języku ludowym nazywana jest także „Halą Dominika", ponieważ wzniesiono ją w miejscu, gdzie kiedyś znajdował się klasztor Dominikanów. Część jego fundamentów można zobaczyć jeszcze w piwnicy hali.

Sie waren nicht nur für ihre schicken Hüte, sondern auch für ihr lockeres Mundwerk bekannt: die Danziger Fischfrauen, bei denen man Flundern, Lachs und Aale, aber auch Neunaugen oder Pomucheln (so nennt man die Dorsche auf Kaschubisch) erstehen konnte. Da es keinen Fischmarkt mehr gibt, begegnet man den Fischverkäuferinnen von heute in der etwa 500 Meter entfernten Markthalle (Hala Targowa). Diese ist äußerst sehenswert. Schließlich wurde sie schon 1896 im neugotischen Stil erbaut. Im Volksmund heißt sie auch „Dominikhalle", weil sie an einer Stelle gebaut wurde, an dem sich einst ein Dominikanerkloster befand. Einen Teil von dessen Fundamenten findet man noch im Kellergeschoss der Halle.

# MOTTLAU MOTŁAWA

Nad tym odcinkiem Motławy nasz spacer kończymy spojrzeniem wstecz na Żuraw (po prawej stronie) oraz północną część Ołowianki (po lewej stronie). Na fotografii widzimy gmach Filharmonii Bałtyckiej. Ma ona siedzibę we wcześniejszej elektrowni miejskiej zbudowanej w końcu XIX wieku przez berlińską Firmę Siemens & Halske. Jej ambitna przebudowa w filharmonię miała miejsce przed ponad dziesięcioleciem. W wielkiej sali koncertowej mieszczącej równo tysiąc miejsc, odbywają się także kongresy. Do położonego za filharmonią dawnego Spichrza Królewskiego wprowadził się czterogwiazdkowy hotel „Królewski" (rada: tutejszy bar piwny polecamy także tym, którzy nie goszczą w tym hotelu). W oddali rozpoznajemy po lewej stronie wielkie koło na Wyspie Spichrzów, które według wielu gości Gdańska nie pasuje do tego historycznego miejsca. Wzorem Ołowianki także wyspa Spichrzów jest rewitalizowana. W lecie 2016r. urządzono tam promenadę, która ma jeszcze zyskać na uatrakcyjności.

Wir beenden unseren Spaziergang an diesem Teil der Mottlau mit einem Blick zurück auf das Krantor (rechts) und den nördlichen Teil der Bleihofinsel (links). Auf dem aktuellen Foto sieht man dort das Gebäude der Baltischen Philharmonie. Sie hat ihren Sitz in einem früheren Elektrizitätswerk, das Ende des 19. Jahrhunderts von der Berliner Firma Siemens & Halske erbaut worden war. Der ambitionierte Umbau zur Philharmonie erfolgte vor gut einem Jahrzehnt. Im großen Konzertsaal, der rund 1 000 Plätze bietet, finden auch Kongresse statt. In den dahinter liegenden ehemaligen Königsspeicher ist das Vier-Sterne-Hotel „Królewski" eingezogen. Ein Tipp: Die Bierbar dort ist auch für Nicht-Hotelgäste empfehlenswert. In der Ferne auf der linken Seite erkennt man das Riesenrad auf der Speicherinsel, das freilich nicht von allen Danzig-Besuchern als passend an diesem historischen Ort empfunden wird. Wie auf der Bleihofinsel bereits geschehen, wird auch die Speicherinsel weiter aufgewertet. Seit Sommer 2016 gibt es dort eine Spaziergängerzone, die noch attraktiver werden soll.

# UM 1920 JOPENGASSE UND ZEUGHAUS ULICA PIWNA I ZBROJOWNIA

Ulica Piwna – Jopengasse – swoją nazwę zawdzięcza bardzo znanemu właśnie tutaj produkowanemu gatunkowi piwa. Piwo Jope podobne było do porteru, jednak ze względu na swoje silne przyprawy używane było nie tyle do picia, ile do gotowania zup i innych dań. Nazwa „Jope" pochodziła od używanej przy tym chochli. Po roku 1945 Jopengasse została przez nowych polskich mieszkańców przemianowana na ulicę Piwną. Obecnie znajduje się tu dużo eksperymentujących lokali gastronomicznych, wśród nich naturalnie warzelnia piwa o nazwie „Browar Piwna", który kreuje coraz to nowe gatunki piwa. Także kawiarnia „Mon Balzac" znana jest ze swoich pomysłowych kreacji. Wielka Zbrojownia na końcu ulicy, służąca kiedyś jako arsenał broni, użytkowana jest przez Wyższą Szkołę Sztuk Pięknych. Jej ukształtowana w stylu flamandzkim fasada jaśnieje najpiękniej wieczorami.

Die Jopengasse verdankte ihren Namen einer sehr bekannten Biersorte, die hier einst hergestellt wurde. Das Jopenbier ähnelte dem Porter, wurde aufgrund seiner kräftigen Würze aber weniger zum Trinken als zum Kochen von Suppen und anderen Speisen verwendet. Der Name „Jope" kam von der Schöpfkelle, die dabei verwandt wurde. Nach 1945 wurde die Jopengasse von den neuen polnischen Bewohnern in Bierstraße (Ulica Piwna) umbenannt. Heute gibt es hier mehrere experimentierfreudige Gaststätten, darunter natürlich auch ein Brauhaus namens „Browar Piwna", das immer neue Sorten des Getränks kreiert. Auch das Café „Mon Balzac" ist für seine einfallsreichen Kreationen bekannt. Das Große Zeughaus am Ende der Gasse, das einst als Waffenarsenal diente, wird von der Kunsthochschule genutzt. In den Abendstunden erstrahlt seine im flämischen Stil gestaltete Fassade am schönsten.

# KUHTOR UND KUHBRÜCKE BRAMA KROWIA I MOST KROWI

Na południe od Bramy Zielonej znajdują się Brama Krowia i Most Krowi nad Motławą. Łączą one ulicę Ogarną w Mieście Głównym z Wyspą Spichrzów, zaś nazwa ich wiąże się z faktem, że kiedyś właśnie tędy pędzono krowy do rzeźni na Wyspie Spichrzów. To historyczne zdjęcie powstało z początkiem XX wieku, gdy poprzedni drewniany most zastąpiony został właśnie przez zwodzony most metalowy. Zarówno Brama jak i most uległy w roku 1945 znacznym zniszczeniom. W trakcie odbudowy bramie przywrócono jej pierwotny gotycki wygląd, przy budowie mostu działano jednak oszczędniej. Obecny betonowy most, do budowy którego wykorzystano pale jego poprzednika, nie otwiera się już dla statków. W Bramie Krowiej znajduje się oddział regionalny Polskiego Towarzystwa Turystyczno-Krajoznawczego, gdzie można uzyskać informacje między innymi o wycieczkach kajakami i łódkami w Gdańsku i wokół miasta.

Südlich vom Grünen Tor befinden sich das Kuhtor sowie die Kuhbrücke über die Mottlau. Sie verbinden die Hundegasse in der Rechtstadt mit der Speicherinsel und erhielten ihre Namen, weil hier einst Kühe zum Schlachthof auf der Speicherinsel getrieben wurden. Das historische Foto entstand zu Beginn des 20. Jahrhunderts, als die frühere Holzbrücke gerade durch eine Zugbrücke aus Metall ersetzt worden war. Sowohl das Tor wie auch die Brücke wurden 1945 weitgehend zerstört. Während das Tor beim Wiederaufbau sein ursprünglich gotisches Aussehen wieder zurückerhielt, war man beim Neubau der Brücke sparsamer. Die derzeitige Betonbrücke, für die die Pfeiler der Vorgängerin genutzt wurden, lässt sich nicht mehr für Schiffe öffnen. Im Kuhtor befindet sich die Regionalstelle der Polnischen Gesellschaft für Touristik und Heimatkunde, bei der man sich unter anderem über Kajak- und Bootstouren in und um Danzig informieren kann.

O ile dawniej ciężka praca tragarzy odciskała swe piętno na życiu Gdańszczan na Wyspie Spichrzów, gdzie przeładowywano wszystko od ziarna poprzez drewno i kawę aż po przyprawy, o tyle dziś panuje tam raczej sielski nastrój. Na wschodnim nabrzeżu wyspy powstała marina dla łodzi motorowych i jachtów. Ciekawa jest, co matka urodzonego w roku 1788 w Gdańsku filozofa Artura Schopenhauera – Johanna Schopenhauer – napisała kiedyś o Wyspie Spichrzów: „Od pradawnych czasów na koszt miasta pewną liczbę groźnych psów szczególnie dzikiej, krwiożerczej rasy trzymano w solidnych psiarniach, zatrudnieni do tego strażacy karmili je surowym mięsem, aby stały się jeszcze bardziej nieposkromione, wraz z nadejściem nocy spuszczali na wyspie, na którą dostęp był wtedy zamknięty." Wspomnienia takich czasów budzi zachowana w jednym ze starych spichlerzy w niezmienionym stanie knajpa „Klub Morza Zejman". Zaś w barze „Cooltura" przy ulicy Chmielnej codziennie prezentowana jest muzyka na żywo w wykonaniu młodych zespołów.

Prägte einst die harte Arbeit der Lastenträger das Leben auf der Danziger Speicherinsel, wo von Korn über Holz und Kaffee bis zu Gewürzen vieles umgeschlagen wurde, herrscht dort heute eher die Leichtigkeit. Eine Marina für Motorboote und Yachten entstand am östlichen Uter der Insel. Interessant ist, was die Mutter des 1788 in Danzig geborenen Philosophen Arthur Schopenhauer, Johanna Schopenhauer, einst über die Speicherinsel schrieb: „Seit uralter Zeit wurde auf Kosten der Stadt eine Anzahl sehr grimmiger Hunde von einer besonders wilden, blutdürstigen Rasse in festen Zwingern gehalten, von dazu angestellten Wächtern mit rohem Fleisch gefüttert, um sie noch unzähmbarer zu machen, und mit eintretender Nacht auf der Speicherinsel losgelassen, die dann verschlossen wurde." Die urige Kneipe „Klub Morza Zejman" in einem der alten Speicher weckt Erinnerungen an solche Zeiten. Und in der Bar „Cooltura" in der Chmielna-Straße gibt es jeden Abend Live-Musik mit jungen Bands.

UM 1900 **MILCHKANNENTOR** STĄGWIE MLECZNE

Wyspy Spichrzów broniła kiedyś od wschodu wzniesiona w XVI wieku brama Stągwie Mleczne. Ta niezwykła nazwa pochodzi naturalnie z języka ludowego, ponieważ składająca się z dwóch niejednakowej wielkości baszt brama przypomina bańkę na mleko z uchwytem. Duża wieża ma 28 metrów wysokości i 13 metrów grubości, podczas gdy mniejsza tylko dziesięć metrów wysokości i osiem metrów średnicy. Ciężko uszkodzoną w czasie wojny wieżę od roku 1972 odbudowywało stowarzyszenie artystów, które kupiło ją w roku 1990 i urządza w niej między innymi wystawy. Tak jak Stągwie Mleczne, także dawne spichlerze na wyspie nosiły bardzo oryginalne nazwy – na przykład „Kolorowy pies", „Czerwona Mysz", czy też „Trupia Czaszka". Kronika z roku 1643 wylicza ponad 300 spichlerzy znajdujących się w tym czasie na wyspie.

Von Osten her wurde die Speicherinsel einst durch das im 16. Jahrhundert erbaute Milchkannentor geschützt. Die ungewöhnliche Bezeichnung entstammt natürlich dem Volksmund, weil das aus zwei ungleichen Basteien bestehende Tor an eine Milchkanne mit Henkel erinnert. Der große Turm ist 28 Meter hoch und 13 Meter dick, während der kleinere nur zehn Meter Höhe und acht Meter Durchmesser hat. Der Aufbau des im Krieg schwer beschädigten Tores erfolgte ab 1972 durch einen Künstlerverein, der das Tor 1990 kaufte und unter anderem für Ausstellungen nutzt. So wie das Milchkannentor trugen auch die einstigen Speicher auf der Insel sehr originelle Bezeichnungen – etwa „Bunter Hund", „Rote Maus" oder „Totenkopf". Eine Chronik aus dem Jahr 1643 listet mehr als 300 Speicher auf, die es damals auf der Insel gab.

Płatki czystego złota w słodko-korzennym likierze – tę specjalność znano w Gdańsku już przed ponad 400 laty. Przynajmniej ci, którzy mogli sobie na nią pozwolić i chcieli pochwalić się przez to swoim dobrobytem. Firmę „Łosoś w Gdańsku", przez długi czas posiadającą monopol na ten niezwykły napój, założył pewien przybysz z Niderlandów. Płatki złota i 40-sto procentowy alkohol wzmacniają działanie licznych zwartych w tym trunku ziół, od kardamonu i kolendry poprzez kminek i lawendę, aż po nasiona selera i cynamon. Oryginalna marka „Łosoś" produkowana jest obecnie w Dolnej Saksonii, jednak od kilku lat mamy też polskiego producenta Złotej Wody. Czy jest różnica w smaku – najlepiej sprawdzić to na miejscu w Gdańsku. Na zdrowie!

Pures Blattgold in einem süßlich-würzigen Likör – diese Spezialität kannte man in Danzig schon vor über 400 Jahren. Zumindest diejenigen, die es sich leisten konnten und sicher auch damit ihren Wohlstand zeigen wollten. Die Firma „Der Lachs zu Danzig", welche lange Zeit das Monopol auf dieses ungewöhnliche Getränk besaß, wurde jedenfalls 1598 von einem niederländischen Einwanderer gegründet. Das Blattgold und die 40 Prozent Alkohol verstärken die Wirkung der zahlreichen Kräuter von Kardamom und Koriander über Kümmel und Lavendel bis hin zu Selleriesamen und Zimt, die in dem Trunk enthalten sind. Die Originalmarke „Lachs" wird heute in Niedersachsen hergestellt, doch seit einigen Jahren gibt es auch einen polnischen Goldwasser-Hersteller. Ob es einen Unterschied im Geschmack gibt, testet man am besten vor Ort in Danzig. Wohl bekomms!

## UM 1910 REICHSBANK – NATIONALBANK BANK RZESZY – BANK NARODOWY

Po zwiedzaniu Miasta Głównego udajemy się jeszcze raz na początek Drogi Królewskiej przy Bramie Wyżynnej. Po prawej stronie obok bramy stoi masywna pruska budowla, którą wzniesiono na początku XX wieku – jako ówczesną filię Niemieckiego Banku Rzeszy. Gdy po I wojnie światowej Gdańsk stał się Wolnym Miastem, swoją siedzibę otrzymał tu nowy Bank Gdański. Założono go w lutym 1924 roku z kapitałem w wysokości 7,5 miliona gdańskich guldenów, które odtąd były własną walutą miasta i okolic. Po niemieckiej aneksji Gdańska w roku 1939 ponownie wprowadzono markę rzeszy, zaś Bank Gdański rozwiązano. Jednego guldena wymieniano wtedy na 70 fenigów. Zasoby złota banku, złożone w Londynie, zarekwirował z kolei rząd brytyjski i dopiero w roku 1976 przekazał je Polsce. Budynek banku jest obecnie filią polskiego banku narodowego.

Nach der Besichtigung der Rechtstadt begeben wir uns noch einmal zum Beginn des Königswegs am Hohen Tor. Gleich rechts neben dem Tor steht ein wuchtiges preußisches Bauwerk, das zu Beginn des 20. Jahrhunderts errichtet wurde – als damalige Filiale der Deutschen Reichsbank. Nachdem Danzig infolge des Ersten Weltkrieges zur Freien Stadt wurde, erhielt hier die neue Bank von Danzig ihren Sitz. Sie wurde im Februar 1924 mit einem Kapital von 7,5 Millionen Danziger Gulden gegründet, welche fortan die eigene Währung der Stadt und ihres Umlands waren. Mit der deutschen Annexion Danzigs 1939 wurde erneut die Reichsmark eingeführt und die Bank von Danzig aufgelöst. Ein Gulden wurde damals in 70 Reichspfennige umgetauscht. Die Goldbestände der Bank, die in London eingelagert waren, wurden dagegen von der britischen Regierung beschlagnahmt und erst 1976 an Polen übergeben. Das Bankgebäude ist heute eine Filiale der polnischen Nationalbank.

# IRRGARTEN BŁĘDNIK

W związku z Małym Błędnikiem, którego łukowaty most przed bramami Głównego Miasta prowadzi nad kanałem Raduni, romantyczne wspomnienia mają chyba już tylko starsi Gdańszczanie. Wprawdzie sam most ze swoim charakterystycznym metalowym łukiem istnieje nadal, jednak aura okolicy ucierpiała z powodu dwóch głównych arterii ulicznych, przecinających się w pobliżu. Tuż obok niewielkiego parku wyrosło wówczas z ziemi „Forum Gdańsk" – ogromne centrum handlowe i biznesowe, w którym podobno mieszczą się setki biur, 220 sklepów i restauracja na dachu z widokiem na Główne Miasto. Z kolei kanał Raduni, zbudowany już w XIV wieku pod panowaniem Zakonu Krzyżackiego, utracił swoje dawne znaczenie dla miasta. Przez wieki zaopatrywał on Gdańszczan w wodę pitną i napędzał liczne młyny. Na północ od Starego Miasta kanał uchodzi do Motławy.

An den Kleinen Irrgarten (Mały Błędnik), dessen geschwungene Brücke vor den Toren der Rechtstadt über den Radaune-Kanal führt, haben wohl nur noch ältere Danziger romantische Erinnerungen. Zwar existiert die Brücke mit dem prägnanten Metallbogen noch, jedoch hat das umliegende Ambiente unter zwei Hauptverkehrsstraßen gelitten, die sich ganz in der Nähe kreuzen. Gleich neben dem kleinen Park wächst derzeit das „Forum Gdańsk" aus dem Boden – ein riesiges Einkaufs- und Geschäftszentrum, in dem es Hunderte Büros, 220 Läden und ein Dachrestaurant mit Blick auf die Rechtstadt geben soll. Der Radaune-Kanal dagegen, der schon im 14. Jahrhundert unter dem Deutschen Ritterorden gebaut wurde, hat seine einstige Bedeutung für die Stadt eingebüßt. Über Jahrhunderte versorgte er die Danziger mit Trinkwasser und trieb mehrere Mühlen an. Nördlich der Altstadt mündet er in die Mottlau.

# COMMANDANTUR – NEUES RATHAUS COMMANDANTUR – NOWY RATUSZ

Ten ciągle jeszcze przypominający o pruskich czasach budynek przy dawnym Wale Elżbiety (obecnie Wały Jagiellońskie) ma za sobą jedną z najbardziej zwariowanych historii transformacji, jaką można sobie tylko wyobrazić. W roku 1901 zbudowano go jako siedzibę komendanta generalnego pruskiego garnizonu (Generalkommando), zaś do końca pierwszej wojny światowej znajdował się tu sztab XVIII Korpusu Armijnego. Po ustanowieniu Gdańska Wolnym Miastem wprowadził się tu powołany przez Ligę Narodów Wysoki Komisarz; pierwszym był brytyjski generał Richard Haking. W końcu sierpnia 1939r., wbrew międzynarodowemu prawu, gauleiter NSDAP Albert Forster ogłosił się głową państwa, zaś w dniu 1-ego września zarządził przyłączenie Gdańska do Rzeszy Niemieckiej i został nowym gospodarzem w komendanturze. W pierwszych latach po wojnie budynek użytkował Komitet Miejski (komunistycznej) Polskiej Zjednoczonej Partii Robotniczej, a następnie klub studencki. Od roku 1999 odbywa tu posiedzenia Rada Miasta, poza tym w Urzędzie Stanu Cywilnego zawierane są małżeństwa.

Das noch immer preußisch anmutende Gebäude am einstigen Elisabethwall (heute Wały Jagiellońskie) hat eine der verrücktesten Transformationsgeschichten hinter sich, die man sich nur denken kann. 1901 war es als Sitz des Generalkommandanten der Garnison erbaut worden, bis zum Ende des Ersten Weltkrieges befand sich hier der Stab des 18. Preußischen Armee-Korps. Als Danzig zur Freien Stadt erklärt wurde, zog folgerichtig der vom Völkerbund eingesetzte Hohe Kommissar hier ein, als Erster war das der britische General Richard Haking.

Ende August 1939 erklärte sich NSDAP-Gauleiter Albert Forster völkerrechtswidrig zum Staatsoberhaupt, am 1. September verfügte er den Anschluss Danzigs ans Deutsche Reich und wurde neuer Hausherr der Kommandantur. Nachdem in den ersten Jahren nach dem Krieg das Stadtkomitee der (kommunistischen) Polnischen Vereinigten Arbeiterpartei das Gebäude genutzt hatte, wurde 1957 ein Studentenklub daraus. Seit 1999 hält der Stadtrat hier im Neuen Rathaus seine Sitzungen ab, in einem Standesamt werden Ehen geschlossen.

Na skrzyżowaniu dzisiejszej ulic 3-go Maja i Nowe Ogrody (wcześniej: Promenada i Nowe Ogrody) napotykamy na dalsze świadectwa zmiennej historii miasta w ubiegłym wieku. W dawnym budynku Landeshausu, który stał dokładnie przy tym skrzyżowaniu, swoją siedzibę do roku 1919 miała Rada Powiatu Prowincji Pruskiej. Po zniszczeniu w czasie drugiej wojny światowej budynku już nie odbudowano, w jego miejsce znajduje się tu obecnie parking.

Za to dawny sąsiadujący budynek promienieje świeżym białym blaskiem. W latach od 1921 do 1939 roku znajdował się tu Komisariat Generalny (swego rodzaju ambasada) Rzeczpospolitej Polski w Wolnym Mieście Gdańsku. W roku 1939 wprowadziło się tu Gestapo i uczyniło z budynku centralę ucisku. Obecnie jest tu siedziba policji. Historia chciała, aby w więzieniu urządzonym przez Gestapo w budynku na tyłach obecnie mieścił się areszt śledczy.

An der Kreuzung der heutigen Straße des 3. Mai und der Straße Nowe Ogrody (früher: Promenade und Neugarten) begegnen uns weitere Zeugnisse der wechselvollen Geschichte der Stadt im vergangenen Jahrhundert. Im einstigen Landeshaus, das genau an dieser Kreuzung stand, hatte bis 1919 der Provinziallandtag der Provinz Preußen seinen Sitz. Dieses Gebäude wurde nach seiner Zerstörung im Zweiten Krieg nicht wieder aufgebaut, stattdessen befindet sich dort heute ein Parkplatz. Dafür erstrahlt das einstige Nachbargebäude in frischem weißen Glanz. Hier befand sich von 1921 bis 1939 das Generalkommissariat der Republik Polen in der Freien Stadt Danzig. 1939 zog hier die Gestapo ein und machte das Gebäude zu einer Zentrale der Unterdrückung. Heute befindet sich hier die Polizei. Die Geschichte wollte es so, dass das einst von der Gestapo eingerichtete Gefängnis im Hintergebäude jetzt eine Untersuchungshaftanstalt ist.

## BAHNHOF DWORZEC

Dworzec Główny przyciąga wzrok nie tylko miłośników kolei żelaznej. Główny gmach ze swoją wysoką na 50 metrów wieżą zbudowano na przełomie XIX i XX wieku w mieszance stylów neogotyckiego i neorenesansowego. Dla celów budowy usunięto istniejący jeszcze do tamtych czasów wał wokół Starego Miasta. Na tamte czasy był to wysoce nowoczesny kompleks, dlatego według dokładnie tych samych planów nieco później powstał dworzec w alzackim Colmar (obecnie Francja). Z dzisiejszego punktu widzenia położenie dworca na wzgórzu – na Górze Gradowej – jest niekorzystne, ponieważ uniemożliwia to rozbudowę torowiska. Ponadto przed halą główną przebiega wielopasmowa ulica, dlatego piesi mogą się dostać do dworca lub do śródmieścia tylko przejściem podziemnym. Pierwszy napotkany w nim Shoppingcenter można spokojnie ominąć, gdyż w centrum czekają o wiele atrakcyjniejsze sklepy i restauracje.

Nicht nur für Eisenbahn-Nostalgiker ist der Hauptbahnhof ein echter Hingucker. Das Empfangsgebäude mit seinem 50 Meter hohen Turm wurde an der Wende vom 19. zum 20. Jahrhundert in einer Mischung aus neogotischem und Neorenaissance-Stil errichtet. Ein bis dahin noch existierender Wall um die Altstadt wurde dafür beseitigt. Für die damalige Zeit war der Komplex hochmodern, weshalb nach genau den gleichen Bauplänen nur wenig später der Bahnhof im elsässischen Colmar (heute Frankreich) entstand.

Aus heutiger Sicht ist die Lage des Bahnhofs an einem Berg – dem Hagelsberg (Góra Gradowa) – ungünstig, weil die Gleisanlagen kaum erweitert werden können. Zudem verläuft vor dem Empfangsgebäude eine mehrspurige Straße, weshalb Fußgänger nur durch eine Unterführung zum Bahnhof beziehungsweise in die Innenstadt gelangen können. Sogleich passiert man ein Shoppingcenter, weiter im Zentrum erwarten einen dann attraktive Geschäfte und Gaststätten .

# UM 1900 HOLZMARKT TARG DRZEWNY

Pomijając wielki trawnik na środku dzisiejszy Targ Drzewny nie ma już wiele wspólnego ze swoim poprzednikiem z niemieckich czasów. Dawny pomnik bohaterów wojennych po wojnie oczywiście usunięto. W jego miejsce stoi pomnik polskiego króla Jana III Sobieskiego, który wszedł do historii jako wybawca Wiednia podczas tureckiego oblężenia w roku 1683. Sobieski był wtedy dowódcą zjednoczonego wojska Świętego Cesarstwa Rzymskiego i Królestwa Polskiego przeciwko władcy Osmanów. Pomnik odsłonięto w roku 1898 we Lwowie, dzisiejszym Lwiw na Ukrainie, i dopiero w latach 60tych przewieziono go do Gdańska. Unaocznia on także fakt, że wielu Polaków z byłych kresów wschodnich po roku 1945 w Gdańsku znalazło swoją nową ojczyznę. Plac ten ma swoją tradycję także w odniesieniu do historii gazety: Kiedyś znajdowała się tu redakcja ***Gdańskich Najnowszych Wiadomości***, ukazujących się w latach od 1894 do 1944. Obecnie „Dom prasy" jest siedzibą kilku redakcji.

Bis auf die große Grünfläche in seiner Mitte hat der heutige Holzmarkt mit seinem Vorgänger aus der deutschen Zeit nicht mehr viel gemein. Das einstige Kriegerdenkmal wurde nach 1945 beseitigt. An seiner Stelle steht ein Denkmal des polnischen Königs Jan III. Sobieski, der als Retter Wiens während der Türkenbelagerung im Jahr 1683 in die Geschichte einging. Sobieski war damals Befehlshaber der vereinigten Truppen des Heiligen Römischen Reiches und Polens gegen das Heer der Osmanen. Das Denkmal war 1898 in Lemberg, dem heutigen Lwiw in der Ukraine, enthüllt worden und wurde erst in den 1960er-Jahren nach Danzig gebracht. Es verdeutlicht auch, dass zahlreiche Polen aus den früheren Ostgebieten des Landes nach 1945 in Danzig ihre neue Heimat fanden. Tradition hat der Platz in Bezug auf die Zeitungsgeschichte: Einst befand sich hier die Redaktion der *Danziger Neuesten Nachrichten*, die von 1894 bis 1944 erschien. Das heutige „Haus der Presse" ist der Sitz mehrerer Redaktionen.

# UM 1920 BRIGITTENKIRCHE KOŚCIÓŁ ŚW. BRYGIDY

Ten poświęcony świętej Brygidzie ze Szwecji (1303 – 1373) katolicki zakon rozprzestrzenił się w XIV wieku w całym rejonie Morza Bałtyckiego. Jak głosi legenda, późniejsza święta podczas podróży do Rzymu zatrzymała się na pewien czas w Gdańsku. Swoje największe znaczenie gdański kościół świętej Brygidy zyskał jednak dopiero podczas strajków w latach 80tych jako „kościół Solidarności". Nieustraszony proboszcz tego kościoła, Henryk Jankowski, wspierał robotników z pobliskiej Stoczni Lenina, urządzając na jej terenie msze święte, zaś kościół uczynił miejscem ucieczki, duchowo-moralnego wsparcia i oporu. Był także spowiednikiem Lecha Wałęsy. Mimo, że po roku 1990 z swoich powodu antysemickich wystąpień Jankowski popadł w niesławę, po jego śmierci w roku 2010 przed kościołem postawiono mu pomnik. Na pamiątkę 45 stoczniowców, którzy zginęli podczas protestów w grudniu 1970r., poświęcono ołtarz z bursztynu z wizerunkiem Czarnej Madonny, który stopniowo powstaje z datków wiernych.

Der der Heiligen Birgitta von Schweden (1303 – 1373) gewidmete katholische Orden breitete sich im 14. Jahrhundert im gesamten Ostseeraum aus. Der Legende nach soll sich die spätere Heilige auf einer Reise nach Rom auch für einige Zeit in Danzig aufgehalten haben. Ihre wichtigste Bedeutung erlangte die Danziger Brigittenkirche aber erst als „Kirche der Solidarność" während der großen Streikbewegung in den 1980er-Jahren. Der unerschrockene Propst der Kirche, Henryk Jankowski, unterstützte die Arbeiter der nahen Leninwerft, indem er auf dem Werksgelände Gottesdienste veranstaltete und die Kirche zum Ort der Zuflucht, der geistig-moralischen Unterstützung und des Widerstands machte. Er war auch Beichtvater von Lech Wałęsa. Obwohl Jankowski nach 1990 durch antisemitische Äußerungen unrühmlich auffiel, wurde ihm nach seinem Tod 2010 vor der Kirche ein Denkmal gesetzt. Dem Andenken der 45 Werftarbeiter, die bei Protesten im Dezember 1970 getötet wurden, ist ein Altar aus Bernstein mit dem Bildnis der Schwarzen Madonna gewidmet, der in der Kirche schrittweise aus Spenden entsteht.

## UM 1900 **KATHARINENKIRCHE** KOŚCIÓŁ ŚW. KATARZYNY

Kościół św. Katarzyny uchodzi za najstarszy, obecnie jeszcze istniejący dom boży w mieście. Drewniana budowla istniała tu już w XII wieku. Ze swoimi pięcioma wieżyczkami jest on bardzo charakterystyczny. We wnętrzu znajdują się obrazy „malarza z Gdańska" Antona Möllera (1563 – 1611), grób słynnego astronoma Jana Heweliusza (1611 1687) oraz muzeum zegarów. Mimo, że wyjątkowo często dotykały go nieszczęścia – w lipcu 1905r. spłonęła wieża kościoła, w roku 1945 niemal cała budowla uległa zniszczeniu, zaś w maju 2006r. ponownie wybuchł pożar na dachu – kościół za każdym razem odbudowywano. Niewielka wyspa na kanale Raduni, obok której kościół stoi, oferuje atrakcję, którą niestety można zwiedzać jedynie z zewnątrz. Wielki Młyn, którego szczyt dachu można rozpoznać za dawnym Domem Rzemiosła, zbudował już w XIV wieku Zakon Krzyżacki. Młyn napędzało 18 wielkich kół młyńskich. Centrum handlowe, znajdujące się od długiego czasu w Młynie, zamknięto niestety jesienią 2016r.

Die Katharinenkirche gilt als das älteste heute noch bestehende Gotteshaus der Stadt. Ein hölzerner Bau existierte hier schon im 12. Jahrhundert. Mit ihren fünf Türmchen ist die Kirche sehr prägnant. Im Inneren befinden sich Gemälde des „Malers von Danzig" Anton Möller (1563 – 1611), das Grab des berühmten Astronomen Johannes Hevelius (1611 – 1687) sowie ein Uhrenmuseum. Obwohl sie ungewöhnlich häufig von Unglücken betroffen war – im Juli 1905 brannte der Kirchturm ab, 1945 wurde fast das gesamte Bauwerk zerstört und im Mai 2006 brach erneut ein Brand auf dem Dach aus – wurde die Kirche immer wieder aufgebaut. Die kleine Insel im Radaunekanal, neben der die Kirche steht, bietet eine Attraktion, die gegenwärtig leider nur von außen zu besichtigen ist. Die Große Mühle, von der der Dachgiebel hinter dem einstigen Müllergewerkshaus zu erkennen ist, wurde bereits im 14. Jahrhundert durch den Deutschen Orden errichtet. Die Mühle wurde durch 18 große Mühlräder angetrieben. Leider ist das Handelszentrum, das sich lange Zeit in der Mühle befand, seit Herbst 2016 geschlossen.

## WERFTEN UND HAFEN STOCZNIA I PORT

Jadąc tramwajem lub samochodem z centrum miasta na północ, konfrontowani jesteśmy z gdańską historią stoczni i portu. Za poprzedników późniejszej Stoczni im. Lenina w socjalizmie uchodzą dawna Stocznia Cesarska oraz Stocznia Schichaua. Stoczni im. Lenina zyskała sławę za sprawą strajków w latach 70tych i 80tych. Akurat ten zalążek ruchu Solidarności w latach 90tych i 2000nych padł ofiarą konkurencji z Azji oraz surowych reguł konkurencyjności Unii Europejskiej. Z tego powodu niemało robotników nazywa ówczesnego robotnika stoczniowego, bohatera Solidarności, laureata pokojowej nagrody Nobla i prezydenta państwa Lecha Wałęsę zdrajcą. Tymczasem projekt zbudowania na dawnym terenie stoczni nowej dzielnicy miasta – „Młodego Miasta" – nabiera kształtów. „Europejskie Centrum Solidarności" – kombinacja muzeum, centrum kształcenia, konferencyjnego i założycielskiego – jest zwiastunem tego kierunku rozwoju. W odróżnieniu do przemysłu stoczniowego położony bezpośrednio nad Morzem Bałtyckim port dalekomorski i kontenerowy rozwijał się bardzo dobrze. Jest on największym polskim portem, jego część wykorzystywana jest także przez przystań jachtową.

Fährt man mit der Straßenbahn oder dem Auto vom Stadtzentrum in Richtung Norden, wird man mit der Danziger Werft- und Hafengeschichte konfrontiert. Die einstige Kaiserliche Werft sowie die Schichausche Werft gelten als Vorläufer der späteren Leninwerft im Sozialismus. Sie wurde wegen der Streiks in den 1970er- und 1980er-Jahren berühmt. Ausgerechnet diese Keimzelle der Solidarność-Bewegung fiel jedoch in den 1990er-/2000er-Jahren der Konkurrenz aus Asien und den strengen Wettbewerbsregeln der EU zum Opfer. Aus diesem Grund wird der einstige Werftarbeiter, Solidarność-Held, Friedensnobelpreisträger und Staatspräsident Lech Wałęsa von nicht wenigen Arbeitern als Verräter bezeichnet. Inzwischen nimmt das Vorhaben, auf dem alten Werftgelände einen neuen Stadtteil – die „Junge Stadt" – zu errichten, Gestalt an. Das „Europäische Zentrum der Solidarność" – eine Mischung aus Museum, Bildungs-, Konferenz- und Gründerzentrum – ist seit 2014 ein Vorbote dieser Entwicklung. Im Unterschied zur Werftindustrie hat sich der direkt an der Ostsee gelegene Übersee- und Containerhafen sehr gut entwickelt. Er ist der größte Hafen Polens, ein Teil wird auch von der Marine genutzt.

Połączenia promowe na Bałtyku funkcjonują od ponad 100 lat, w zależności od politycznych i ekonomicznych zawirowań zmieniały się tylko ich trasy. „Seedienst Ostpreußen /Służba morska Prusy Wschodnie/", do której odnosi się ta stara reklama, łączyła transport pasażerski i towarowy, zapoczątkowany w roku 1920 przez rząd Republiki Weimarskiej. Dzięki temu Wolne Miasto Gdańsk oraz prowincja Prusy Wschodnie, która stała się eksklawą, przyłączone zostały poprzez Bałtyk do Rzeszy Niemieckiej, a równocześnie przez tak zwany „Polski korytarz" można było ominąć drogę lądową. Wycieczki ze Świnoujścia na wyspie Uznam do portu Pillau (obecnie Baltijsk w rosyjskiej eksklawie Królewiec/Königsberg/Kaliningrad) trwały około 15 godzin. Po drodze statki cumowały w Sopocie pod Gdańskiem. Obecnie najsilniej oblegana linia promowa prowadzi z Gdańska do Sztokholmu. Aby z Niemiec popłynąć statkiem do Gdańska, trzeba zarezerwować wycieczkę turystyczną. Aktualnie mamy bezpośrednie połączenie kolejowe z Berlina przez Frankfurt nad Odrą i Poznań do Gdańska oraz połączenia samolotowe z kilkoma dużymi niemieckimi miastami.

Fährverbindungen auf der Ostsee funktionieren seit über 100 Jahren, nur die Linienführungen haben sich in Abhängigkeit von den politischen und wirtschaftlichen Entwicklungen immer wieder verändert. Der „Seedienst Ostpreußen", von dem die alte Werbung stammt, war eine Personen- und Frachtschiffverbindung, die 1920 von der Regierung der Weimarer Republik eingerichtet wurde. Damit wurden die Freie Stadt Danzig und die zur Exklave gewordene Provinz Ostpreußen über die Ostsee an das Deutsche Reich angebunden und zugleich der Landweg durch den sogenannten Polnischen Korridor umgangen. Fahrten von Swinemünde auf der Insel Usedom bis in den Hafen von Pillau (heute Baltijsk in der russischen Exklave Königsberg/Kaliningrad) dauerten etwa 15 Stunden. Dazwischen legten die Schiffe in Zoppot bei Danzig an. Heute führt die am stärksten frequentierte Linie von Danzig nach Stockholm. Um aus Deutschland mit dem Schiff nach Danzig zu fahren, muss man dagegen eine touristische Reise buchen. Aktuell gibt es auch eine durchgehende Zugverbindung von Berlin über Frankfurt (Oder) und Posen nach Danzig sowie Flugverbindungen mit einigen deutschen Großstädten.

Ogólnie znany jest fakt, że druga wojna światowa rozpoczęła się rankiem 1 września 1939r. ostrzelaniem gdańskiej Westerplatte przez niemiecki okręt wojenny „Szlezwik-Holsztyn". Tu na miejscu dowiadujemy się, że jeszcze wcześniej oddano podobno strzał z pistoletu z latarni morskiej w Gdańsku-Nowym Porcie. Zgodnie z tą informacją z położonej dokładnie na przeciwko Westerplatte latarni morskiej strzelano o godzinie 4.45, trzy minuty później nastąpiła kanonada ze „Szlezwika-Holsztyna". Pomijając jej tragiczną rolę na początku wojny latarnia zawsze była niezwykle idyllicznym miejscem. W zbudowanej w latach 1893/94 kawiarni „Leucht-, Lotsen- und Zeitballturm /Wieża latarni morskiej, pilotów i Kula Czasu /" – tak brzmi jej oficjalna nazwa – podczas letnich miesięcy można się napić kawy i obejrzeć wystawę najpiękniejszych latarń morskich na świecie. Można się także przy tym dowiedzieć, że pierwowzorem latarni w Nowym Porcie miała być latarnia morska w Cleveland nad jeziorem Erie w USA. Gdy w roku 1984 pozbawiona została swojej funkcji przez nowocześniejszą wieżę w Gdańskim Porcie Północnym, groziło jej zniszczenie. W roku 2001 kupił ją jednak Gdańszczanin, emigrant z Kanady, i wyremontował. Obecnie stanowi ona pomnik techniki.

Dass der Zweite Weltkrieg am Morgen des 1. September 1939 mit der Beschießung der Danziger Westerplatte durch das deutsche Marine-Schulschiff „Schleswig-Holstein" begann, ist allgemein bekannt. Dass vorher jedoch ein Pistolenschuss vom Leuchtturm in Danzig-Neufahrwasser abgegeben worden sein soll, der das Signal für die Schiffsbesatzung war, erfährt man hier vor Ort. Demzufolge wurde von dem Leuchtturm, der der Westerplatte unmittelbar gegenüberliegt, um 4.45 Uhr geschossen, drei Minuten später erfolgte die Kanonade durch die „Schleswig-Holstein". Abgesehen von dieser tragischen Rolle zu Kriegsbeginn war der Leuchtturm immer ein äußerst friedlicher Ort. Während der Sommermonate kann man in dem 1893/94 gebauten „Leucht-, Lotsen- und Zeitballturm" – so die offizielle Bezeichnung – Kaffee trinken und eine Ausstellung der schönsten Leuchttürme der Welt bewundern. Man erfährt dabei, dass der Leuchtturm von Cleveland am Erie-See in den USA das Vorbild für den Turm von Neufahrwasser gewesen sein soll. Nachdem Letzterer 1984 durch einen modernen Turm im Danziger Nordhafen seiner Funktion beraubt wurde, drohte er zu verfallen. 2001 hat ihn jedoch ein nach Kanada ausgewanderter Danziger gekauft und wieder sanieren lassen. Heute ist er ein technisches Denkmal.

Na Westerplatte z centrum Gdańska najłatwiej można dostać się statkiem. Na obu zdjęciach widzimy na przeciwko siebie idylliczny kiedyś kurort i niezwykle znaczący dla polskiej historii pomnik, co jednak nie pozostaje w sprzeczności. Powstały poprzez sedymentację piasku półwysep był kiedyś ulubionym celem wycieczek Gdańszczan. W roku 1924 Liga Narodów zezwoliła polskiej armii na urządzenie tu składu amunicji, a to dlatego, że gdańscy robotnicy portowi odmawiali rozładunku materiałów wojennych dla armii polskiej. Z biegiem czasu powstał tu garnizon liczący ponad 200 żołnierzy. Załoga ta zdołała stawić czoło atakom niemieckim od 1 do 7 września 1939r., co stało się symbolem oporu całego kraju. W roku 1966 zbudowano pomnik Obrońców Westerplatte. Jest to jedno z najważniejszych miejsc pamięci w Polsce, zaś co roku w dniu 1 września wiodący politycy przypominają o tych historycznych wydarzeniach. W roku 2014 w uroczystościach wziął udział prezydent federalny Joachim Gauck.

Zur Westerplatte kommt man aus dem Danziger Zentrum am besten mit einem Schiff. Dass sich auf diesen beiden Fotos ein ehemals idyllisches deutsches Ostseebad und ein für Polens Geschichte äußerst bedeutendes Denkmal gegenüberstehen, ist kein Widerspruch, denn die durch Sandablagerungen entstandene Halbinsel war einst ein beliebtes Ausflugsziel der Danziger. 1924 erlaubte der Völkerbund der polnischen Armee, hier ein Munitionsdepot einzurichten. Der Grund war, dass sich Danziger Hafenarbeiter zuvor geweigert hatten, Kriegsmaterial für die polnische Armee zu löschen. Im Laufe der Zeit entstand eine mit mehr als 200 Soldaten besetzte Garnison. Diese Besatzung konnte den deutschen Angriffen vom 1. bis zum 7. September 1939 trotzen, was zu einem Symbol für den Widerstand des ganzen Landes wurde. 1966 wurde das Denkmal für die Verteidiger der Westerplatte errichtet. Der Ort ist eine der wichtigsten Gedenkstätten Polens, an jedem 1. September erinnern führende Politiker hier an die historischen Ereignisse. 2014 nahm Bundespräsident Joachim Gauck am Gedenken teil.

## UM 1920 **DOM OLIVA** KATEDRA W OLIWIE

Równo dziesięć kilometrów na północny zachód od centrum Gdańska leży Oliwa (w języku niemieckim: Oliva), niewielka miejscowość o wielkiej historii, którą dopiero w roku 1926 włączono do gminy Gdańska. Swoje znaczenie Oliwa zawdzięcza Zakonowi Cystersów, który w roku 1175 założył tu klasztor. Wielokrotnie niszczyli go Prusowie – lud bałtycki – ale w roku 1432 także Polacy. „Pokój Oliwski" w roku 1660 zakończył II wojnę północną, prowadzoną pomiędzy Polską-Litwą z Szwecją. Na zwiedzającym katedra zrobi niezapomniane wrażenie, tym bardziej, że takiego dzieła sztuki nikt nie spodziewa się w raczej wiejskiej okolicy. Za smukłą, imponującą ze swoimi mierzącymi 46 metrów wysokości wieżami, fasadą skrywa się najdłuższy kościół cystersów na świecie. Nawa o długości niemal 100 metrów ukoronowana jest na zachodzie ogromnymi organami, których ciemna barwa symbolizuje piekło, podczas gdy śnieżnobiałe obłoki po wschodniej stronie nad głównym ołtarzem symbolizują raj. Kościół jest także siedzibą biskupa gdańskiego. Ta niewielka miejscowość ma jeszcze inne uroki: ogród botaniczny (wcześniej zwany „Ogrodem Królewskim"), którego nie można pominąć, znajdujący się obok katedry. Ponadto w Oliwie znajduje się Gdański Ogród Zoologiczny oraz niezwykła wieża widokowa.

Rund zehn Kilometer nordwestlich des Danziger Zentrums liegt Oliwa (deutsch: Oliva), ein kleiner Ort mit großer Geschichte, der erst 1926 nach Danzig eingemeindet wurde. Seine Bedeutung hat er dem Zisterzienserorden zu verdanken, der hier 1175 ein Kloster gründete. Dieses wurde mehrfach von den Pruzzen – einem baltischen Stamm – aber auch 1432 von Polen zerstört. Der Frieden von Oliva beendete dagegen 1660 den Zweiten Nordischen Krieg, der zwischen Polen-Litauen und Schweden geführt wurde. Für den Besucher wird der Dom ein unvergessliches Erlebnis sein, zumal man ein solches Kunstwerk in der eher dörflichen Umgebung nicht vermutet. Hinter der schlanken, mit ihren 46 Meter hohen Türmen sehr eindrucksvollen Fassade verbirgt sich die längste Zisterzienser-Kirche der Welt. Das fast 100 Meter lange Kirchenschiff wird im Westen von einer riesigen Orgel gekrönt, deren dunkle Farbe die Hölle symbolisiert, während schneeweiße Wolken über dem Hauptaltar im Osten das Paradies verheißen. Das Gotteshaus ist auch der Sitz des Danziger Bischofs. Der kleine Ort hat noch weitere Reize zu bieten: den Botanischen Garten (früher „Königlicher Garten“) gleich hinter dem Dom, den man sich nicht entgehen lassen sollte. Außerdem befinden sich in Oliwa der Danziger Zoo sowie ein besonderer Aussichtsturm.

## AUSSICHTSSTURM IN OLIVA WIEŻA WIDOKOWA W OLIWIE

To wskazówka poufna: Kto chce podziwiać porywający widok Gdańska i okolic, znajdzie go na wzgórzu Pachołek (kiedyś: Carlsberg) w dzielnicy Oliwa. Przy dobrej widoczności oko sięga od rozciągniętego półwyspu helskiego na północy, poprzez Morze Bałtyckie, aż do ujścia Wisły na wschodzie, jak również po zadziwiająco bogato zalesione tereny na zachodzie, zwane „Trójmiejskim Parkiem Krajobrazowym". U stop mamy „Trójmiasto", które obok Gdańska składa się z Gdyni i Sopotu, i którego granice praktycznie zlewają się. Między innymi widoczny jest nowy stadion piłkarski Gdańska z jego bursztynowego koloru otuliną. Pierwszą wieżę widokową na szczycie wzgórza o wysokości 101 metrów sfinansował, prawdopodobnie ze swojej prywatnej szkatuły, niemiecki cesarz Wilhelm I w roku 1882. Był to ulubiony cel wycieczek aż do czasu, gdy 24 marca 1945 wysadzili go niemieccy żołnierze, aby napływająca Armia Czerwona nie mogła urządić tu posterunku obserwacyjnego. Dzisiejsza stalowa wieża jest prosta ale solidna.

Es ist ein Geheimtipp: Wer einen hinreißenden Rundblick über Danzig und seine Umgebung genießen will, findet diesen auf dem Carlsberg (heute: Góra Pachołek) im Stadtteil Oliwa. Bei guter Sicht reicht das Auge von der lang-gestreckten Halbinsel Hela im Norden über die Ostsee bis zur Weichselmündung im Osten sowie das erstaunlich waldreiche Hinterland im Westen, den „Landschaftspark der Dreistadt“. Diese „Dreistadt“, die neben Danzig noch aus Gdynia (früher: Gdingen) und Sopot (früher: Zoppot) besteht, deren Ortsgrenzen praktisch verschwimmen, liegt einem zu Füßen. Unter anderem ist auch das neue Fußballstadion von Danzig mit seiner bernsteinfarbenen Ummantelung zu sehen. Den ersten Aussichtsturm auf dem 101 Meter hohen Berg soll der deutsche Kaiser Wilhelm I. 1882 aus seiner Privatschatulle finanziert haben. Er war ein beliebtes Ausflugsziel, bis er am 24. März 1945 von deutschen Soldaten gesprengt wurde, damit die anstürmende Rote Armee ihn nicht als Beobachtungsstelle nutzen konnte. Der heutige Stahlturm ist einfach, aber solide.

# KURHAUS ZOPPOT/GRANDHOTEL DOM ZDROJOWY W SOPOCIE/GRANDHOTEL

„Bałtycki kurort Zopott – na niemieckiej riwierze". Tak zatytułowany jest prospekt reklamowy z roku 1912. Położony dwanaście kilometrów na północ od Gdańska kurort i uzdrowisko od północy chroniony przed wiatrem przez półwysep Hel i dzięki pobliskim lasom Kaszub posiadający łagodny klimat, już wtedy był letniskiem dla zamożniejszych gości z całych Niemiec. Zbudowany w roku 1881 dom zdrojowy, który możemy oglądać tej historycznej fotografii, szybko stał się zbyt mały. W roku 1909 zburzono go i wybudowano nowy obiekt. Od strony morza dom zdrojowy zachował się do dnia dzisiejszego i włączono go do nowoczesnej budowli. Luksusowy Hotel Casino, zbudowany w latach 1924 – 1927 za 20 milionów gdańskich guldenów, a widoczny na aktualnej fotografii po prawej stronie, przekształcono po roku 1990 w pięciogwiazdkowy „Grand Hotel". Podczas napadu na Polskę w roku 1939 Adolf Hitler urządził sobie w nim w dniach 19 – 26 września swoją kwaterę. W marcu 1945r., Casino stało się kwaterą sztabu Drugiego Białoruskiego Frontu Armii Czerwonej. A gdy w nocy 13 grudnia 1981r. w Polsce Ludowej ogłoszono stan wojenny, aresztowano dziesiątki działaczy ruchu związkowego Solidarność, którzy tu obradowali, wśród nich późniejszego szefa rządu Tadeusza Mazowieckiego.

„Ostseebad Zoppot – an der deutschen Riviera“. So ist ein Werbeprospekt aus dem Jahr 1912 überschrieben. Der zwölf Kilometer nördlich von Danzig gelegene Kur- und Badeort, der durch die Halbinsel Hela im Norden windgeschützt ist und durch die nahen Wälder Kaschubiens ein mildes Klima aufweist, galt damals als Sommerfrische für Besserbetuchte aus ganz Deutschland. Das im Jahr 1881 errichtete Kurhaus, das auf dem historischen Foto zu sehen ist, war rasch zu klein geworden. 1909 riss man es ab und baute ein neues. Die Seeseite dieses Kurhauses ist bis heute erhalten geblieben und wurde in den modernen Neubau integriert. Das luxuriöse Kasinohotel, welches von 1924 bis 1927 für 20 Millionen Danziger Gulden erbaut wurde und auf dem aktuellen Foto rechts zu sehen ist, wurde nach 1990 in ein Fünf-Sterne-Grand-Hotel umgewandelt. Während des Überfalls auf Polen 1939 richtete Adolf Hitler hier vom 19. bis 26. September sein Quartier ein. Im März 1945, wurde das Casino zum Stabsquartier der Zweiten Weißrussischen Front der Roten Armee. Und als in der Nacht des 13. Dezember 1981 in der Volksrepublik Polen der Kriegszustand verhängt wurde, nahm man Dutzende Aktivisten der Gewerkschaftsbewegung Solidarność fest, die hier eine Besprechung abhielten, darunter auch den späteren Regierungschef Tadeusz Mazowiecki.

# MOLE ZOPPOT MOLO W SOPOCIE

Spojrzmy teraz z tarasu Domu Zdrojowego na słynne molo, z którego zrobiono fotografie na poprzednich stronach. Pierwsze molo, wtedy o długości 41 metrów zbudowano w Sopocie (nazwa miejscowości oznacza w językach słowiańskich „źródło") w roku 1829. Obecnie molo liczy 512 metrów długości i jest najdłuższym drewnianym mostem morskim w Europie. Przed molem znajdują się wielki plac z fontanną, muszla koncertowa oraz latarnia morska z platformą widokową. „Kawiarnia Bursztynowa" i restauracja „Laguna Smaku" otwarte są przez cały rok. Niewidoczny na zdjęciach bulwar „Bohaterów Monte Casino", wiodący przez centrum miasta – przez Sopocian krótko nazywany „Monciakiem", – rozwinął się w modną promenadę. Jedną z jej atrakcji jest „Krzywy Domek", mieszczący bary i knajpki, ale także sklepy ze antykami i dziełami sztuki. Aktorowi Klausowi Kinskiemu, który przyszedł na świat w Sopocie w roku 1926, poświęcony jest bar „Galeria Kinski", mieszczący się w domu jego narodzin przy ulicy Kościuszki 10. Także Opera Leśna, powstała w roku 1909, do dnia dzisiejszego jest świadkiem koncertów i prezentacji filmowych, jednak słynny Sopocki Festiwal Piosenki odbył się tam ostatni (dotychczas) raz w roku 2014.

Nun blicken wir von der Terrasse des Kurhauses auf die berühmte Mole, von der aus die Fotos auf den vorhergehenden Seiten entstanden sind. 1829 wurde in Zoppot (der Name des Ortes bedeutet im Slawischen „Quelle") der erste, damals 41 Meter lange Steg errichtet. Inzwischen ist die Mole mit 512 Metern die längste hölzerne Seebrücke Europas. Vor der Mole befindet sich ein großer Platz mit einem Brunnen, einer Konzertmuschel sowie einem Leuchtturm mit Aussichtsplattform. Das „Bern stein-Cafe" (Kawiarnia Bursztynowa) und das Restaurant „Laguna Smaku" sind das ganze Jahr geöffnet. Der auf den Fotos nicht zu sehende Boulevard Bohaterów Monte Casino durch die Innenstadt – von den Sopotern nur kurz „Monciak" genannt – hat sich ebenfalls zur angesagten Flaniermeile entwickelt. Eine seiner Attraktionen ist das „Schiefe Häuschen" (Krzywy Domek), wo es Bars und Kneipen, aber auch Antiquitäten und Kunstwerke gibt. Dem Schauspieler Klaus Kinski, der 1926 in Zoppot auf die Welt kam, ist die Bar „Galeria Kinski" in seinem Geburtshaus in der Ulica Kosciuszki 10 gewidmet. Auch die Waldoper (Opera Lesna), die 1909 entstand, erlebt bis heute Konzerte und Filmaufführungen, allerdings fand das bekannte Sopoter Schlagerfestival 2014 zum (bisher) letzten Mal statt.

# STRANDVERGNÜGEN ATRAKCJE PLAŻOWE

Gdzie lepiej można by zakończyć wizytę w Gdańsku, niż na bałtyckiej plaży? Wprawdzie to wielkie miasto nie jest najlepszym adresem na spędzenie plażowego urlopu, ale jeśli chcemy odetchnąć od zgiełku Sopotu, właśnie tu, nawet w środku lata, na niektórych odcinkach plaży można niespodziewanie znaleźć spokój. Na plażę w Brzeźnie (wcześniejszym Brösen) można łatwo dojechać tramwajami nr 3 i 5. Pochodzący jeszcze z niemieckich czasów dom zdrojowy został wprawdzie zniszczony, ale wielką atrakcją jest za to molo o długości 130 metrów. Ścieżką rowerową można pojechać wzdłuż wybrzeża, na przykład do położonego obok Jelitkowa (kiedyś Glettkau). Piesi dotrą do Jelitkowa tramwajem nr 2 i 8. Podczas gdy w wielu sklepach zasypani zostaniemy bursztynem, swój pobyt w Gdańsku ukoronować możemy najlepiej kawałkiem tego „złota Bałtyku", który sami znajdziemy na plaży.

Wo kann man einen Besuch in Danzig besser ausklingen lassen als am Ostseestrand? Zwar ist die Großstadt nicht die erste Adresse für einen Badeurlaub. Aber gerade deshalb findet man hier selbst im Hochsommer überraschend ruhige Strandabschnitte, wenn man mal vom Trubel in Sopot absieht. Der Strand von Brzeźno (dem früheren Brösen) ist mit den Straßenbahnlinien 3 und 5 gut zu erreichen. Das noch aus der deutschen Zeit stammende Kurhaus ist zwar verfallen, dafür ist auch die Seebrücke mit einer Länge von 130 Metern eine Attraktion. Man kann auch auf einem Radweg entlang der Küste radeln, beispielsweise ins nebenan gelegene Jelitkowo (einst Glettkau). Dort gibt es auch einen Strand, kleinere Hotels und einen Campingplatz. Als Fußgänger kommt man nach Jelitkowo mit den Straßenbahnlinien 2 und 8. Und während man in vielen Läden mit Bernstein überschüttet wird, krönt man seinen Danzig-Aufenthalt vielleicht am besten mit einem Stückchen „Gold der Ostsee", das man am Strand selbst gefunden hat.

## BUCHREIHE **EINST UND JETZT**

1 BAD FREIENWALDE
2 FRANKFURT (ODER)
3 RÜDERSDORF BEI BERLIN
4 EISENHÜTTENSTADT
5 SCHWEDT/ODER
6 LAND BRANDENBURG
7 STRAUSBERG
8 EBERSWALDE
9 COTTBUS
10 KIRCHEN IM ODERBRUCH
11 GÖRLITZ
12 UNIVERSITÄT POTSDAM
13 BEESKOW
14 MEDIENSTADT BABELSBERG
15 SACHSEN-ANHALT
16 FÜRSTENWALDE
17 BERNAU
18 HENNIGSDORF
19 FLUGHAFEN SCHÖNEFELD
20 INSEL USEDOM
21 HOCHSCHULE EBERSWALDE
22 BRANDENBURG AN DER HAVEL I
23 ORANIENBURG
24 NEURUPPIN
25 FREDERSDORF-VOGELSDORF
26 WILDESHAUSEN
27 GESTÜTE IN NEUSTADT/DOSSE
28 PRENZLAU
29 UNTERNEHMEN IN OSTBRANDENBURG
30 NEUENHAGEN BEI BERLIN
31 RATHENOW
32 LANDKREIS BARNIM
33 BRANDENBURG AN DER HAVEL II
34 GANDERKESEE
35 STADTSCHLOSS POTSDAM / LANDTAG
36 BREMEN-SCHWACHHAUSEN
37 BERLIN-SCHÖNEBERG
38 STETTIN / SZCZECIN
39 GUBEN-GUBIN
40 NATIONALPARK UNTERES ODERTAL
41 LAND BRANDENBURG 100 UNTERNEHMEN AUS 25 JAHREN
42 WEIMAR
43 ANGERMÜNDE
44 BERLIN-FRIEDENAU
45 BRESLAU / WROCŁAW
46 SEELOW
47 HOPPEGARTEN
48 AMT GRANSEE UND GEMEINDEN
49 SCHWERIN
50 RENNBAHN HOPPEGARTEN
51 DANZIG / GDAŃSK

DANZIG/GDAŃSK
INSEL USEDOM
SCHWERIN
MECKLENBURG VORPOMMERN
STETTIN/SZCZECIN
DERKESEE
BREMEN-SCHWACHHAUSEN
LDESHAUSEN
PRENZLAU
BRANDENBURG
SCHWEDT
GRANSEE
ANGERMÜNDE
NEURUPPIN
NATIONALPARK UNTERES ODERTAL
ODER
EBERSWALDE
NEUSTADT/DOSSE
BAD FREIENWALDE
ODERBRUCH
POLEN
NIEDERSACHSEN
ORANIENBURG
BERNAU
STRAUSBERG
HENNIGSDORF
NEUENHAGEN
SEELOW
RATHENOW
(RENNBAHN) HOPPEGARTEN
FREDERSDORF-VOGELSDORF
BERLIN
RÜDERSDORF
POTSDAM
BABELSBERG
FÜRSTENWALDE
FRANKFURT (ODER) SŁUBICE
BRANDENBURG/ HAVEL
FLUGHAFEN SCHÖNEFELD
ODER
BEESKOW
EISENHÜTTENSTADT
GUBEN-GUBIN
SACHSEN ANHALT
COTTBUS
NEISSE
NEISSE
BRESLAU/WROCŁAW
GÖRLITZ
SACHSEN
WEIMAR
THÜRINGEN
TSCHECHIEN